Higiene e hidratación de la piel del rostro y cuerpo

Editado por:
EDITORIAL FAE, S.L.U.
Correo electrónico: editorial@editorialfae.com

Higiene e hidratación de la piel del rostro y cuerpo
Elsa Rubio Duce

1ª Edición

ISBN: 978-84-1135-395-3

Impreso en España

Índice

U. A. 1. La higiene de la piel

U. A. 2. Tipos de tratamiento de higiene facial y corporal

U. A. 3. La limpieza superficial y el desmaquillado de la piel. técnicas de realización

U. A. 4. La limpieza profunda de la piel. fase de tratamiento. útiles y materiales empleados

U. A. 5. Preparación del cliente y realización de la ficha técnica

U. A. 6. Criterios de selección y aplicación de la cosmetología específica

U. A. 7. Criterios de selección, programación y aplicación de los aparatos empleados en cada fase de los tratamientos

U. A. 8. Técnicas manuales empleadas

U. A. 9. Técnicas específicas de realización de la limpieza profunda según el tipo de piel

U. A. 10. La hidratación de la piel

Aplicaciones prácticas

Ejercicio de evaluación final

Solucionario

Bibliografía

U. A. 1. La higiene de la piel

Introducción

La piel es el órgano más extenso del cuerpo humano y representa la primera barrera de defensa frente a los agentes externos. Su función protectora, reguladora y sensorial la convierte en un componente esencial del equilibrio fisiológico. Sin embargo, su exposición constante al entorno (radiación solar, contaminación, cambios de temperatura, cosméticos, microorganismos, etc.) hace que sea necesario establecer rutinas específicas de higiene que permitan mantenerla en condiciones óptimas.

La higiene de la piel no se limita al lavado básico con agua y jabón. Implica una secuencia de acciones adaptadas al tipo de piel y a las zonas del cuerpo, donde deben combinarse conocimientos sobre anatomía cutánea, productos cosméticos adecuados, protocolos de limpieza superficial y profunda, y medidas preventivas ante posibles alteraciones dermatológicas.

En el ámbito profesional de la estética, la higiene facial y corporal es el primer paso de cualquier tratamiento, ya que prepara la piel para recibir activos cosméticos y técnicas especializadas. Una correcta higiene permite eliminar impurezas, residuos de maquillaje, sebo, células muertas y contaminantes ambientales, favoreciendo así la oxigenación, la regeneración celular y el equilibrio del manto hidrolipídico.

Por tanto, esta unidad proporciona los fundamentos imprescindibles sobre la higiene cutánea, sentando las bases para el desarrollo de tratamientos eficaces y seguros que respeten las características individuales de cada persona.

Objetivos

- Comprender el concepto de higiene cutánea y su importancia en el mantenimiento de la salud y el aspecto de la piel.
- Identificar los principales objetivos de la higiene de la piel, tanto a nivel facial como corporal.
- Reconocer los beneficios que aporta una higiene adecuada en la preparación de tratamientos estéticos.
- Valorar la higiene como etapa imprescindible en los protocolos profesionales de estética, integrándola como parte esencial del cuidado personal.

1. La higiene de la piel

La piel humana constituye una barrera viva que cumple funciones esenciales para la salud general del organismo. Protege frente a agentes externos, participa en la regulación térmica y permite el intercambio sensorial con el entorno. No obstante, este escudo natural está constantemente expuesto a factores que alteran su equilibrio: la contaminación ambiental, la radiación solar, los cambios de temperatura, el uso de cosméticos o el simple contacto con microorganismos pueden afectar a su funcionalidad y aspecto.

Fig. 1. El proceso de higiene de la piel permite mantener el manto hidrolipídico en equilibrio, evitando tanto la sequedad excesiva como el exceso de grasa o la obstrucción de los poros

En este contexto, la higiene cutánea debe entenderse como un conjunto de cuidados destinados a preservar la piel en condiciones saludables, tanto desde el punto de vista fisiológico como estético. No se trata únicamente de "limpiar", sino de aplicar una serie de acciones intencionadas y adaptadas al estado y necesidades de la piel, cuyo objetivo es mantener su integridad, estimular sus procesos naturales y preparar su superficie para la aplicación de tratamientos específicos.

Una higiene adecuada actúa sobre distintas capas de la piel, ayudando a eliminar tanto la suciedad visible como los restos de células muertas, secreciones sebáceas, residuos de cosméticos y partículas contaminantes que se acumulan diariamente.

La higiene cutánea profesional no sustituye la higiene personal, pero la complementa y profundiza. Mientras que el aseo diario tiene una finalidad básica, la higiene en estética persigue objetivos más complejos, como la estimulación de la renovación celular, la oxigenación tisular y la mejora del aspecto superficial.

Además de su acción física sobre la piel, la higiene tiene un valor preventivo fundamental. Ayuda a evitar la proliferación de microorganismos, reduce el riesgo de infecciones dérmicas, y contribuye a prevenir imperfecciones como comedones, espinillas o rojeces, que pueden agravarse si no se mantiene una limpieza adecuada. Esto es especialmente relevante en el rostro, donde la piel es más sensible y se encuentra sometida a una mayor carga de agentes externos y cosméticos.

Desde un enfoque profesional, la higiene se convierte en la fase inicial e ineludible de cualquier protocolo estético, tanto facial como corporal. Una piel limpia responde mejor a los productos cosméticos, permite una mejor absorción de principios activos y facilita el trabajo del profesional al ofrecer una superficie libre de impurezas.

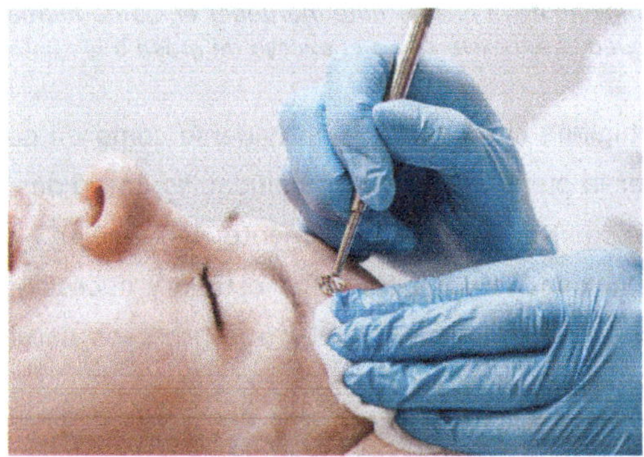

Fig. 2. Una pieza de microdermoabrasión con punta de diamante ayuda a limpiar impurezas suavizando la textura de la piel, mejorando la apariencia de poros dilatados y estimulando la renovación celular

En la siguiente tabla se recogen las principales diferencias entre higiene personal cotidiana e higiene profesional en estética, para ayudar a distinguir claramente su función y alcance:

Aspecto	Higiene personal cotidiana	Higiene profesional estética
Objetivo principal	Limpieza básica y confort personal	Preparación cutánea y optimización del tratamiento
Frecuencia	Diaria	Dependiente del protocolo estético
Productos utilizados	Genéricos (jabón, gel, champú)	Específicos y adaptados al tipo de piel
Profundidad de acción	Superficial	Superficial y profunda (en fases posteriores)
Técnicas empleadas	Manuales básicas	Técnicas manuales y, en algunos casos, aparatología
Resultado esperado	Sensación de limpieza y frescor	Mejora del aspecto, oxigenación, activación cutánea

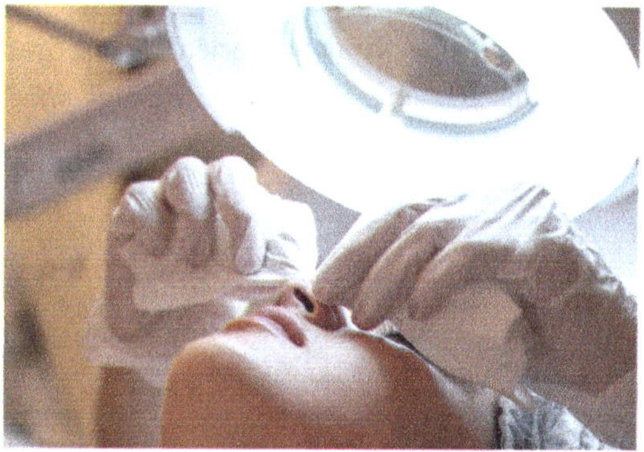

Fig. 3. El enfoque global sobre el concepto de higiene cutánea permite comprender por qué se trata de una etapa básica, pero a la vez esencial, dentro de los cuidados estéticos profesionales

Realizar una higiene adecuada del rostro y del cuerpo representa una intervención activa en la salud cutánea y el bienestar general. Aunque suele considerarse una rutina básica, su papel en los cuidados profesionales es decisivo, ya que establece las condiciones óptimas para que la piel mantenga su equilibrio y responda adecuadamente a los tratamientos posteriores.

Los beneficios de una higiene bien realizada se pueden observar en distintos niveles, tanto inmediatos como acumulativos, y afectan a la piel desde su superficie hasta sus funciones más profundas.

Estos beneficios son los siguientes:

- En primer lugar, permite eliminar residuos acumulados como polvo, sudor, células muertas, sebo oxidado, maquillaje o contaminantes ambientales. Esta acción no solo limpia la superficie, sino que desbloquea los poros, evitando su obstrucción y favoreciendo la renovación celular.
- A través de la limpieza, se mejora la oxigenación de los tejidos, ya que una piel libre de impurezas permite que las células cutáneas respiren de forma más eficiente. Esta oxigenación contribuye a una apariencia más luminosa, tersa y uniforme.
- La higiene favorece la activación de la microcirculación, especialmente cuando se utilizan técnicas manuales o productos con ingredientes estimulantes. Esto mejora el aporte de nutrientes y la eliminación de toxinas, acelerando los procesos naturales de regeneración.
- Otra consecuencia directa es la optimización de los tratamientos estéticos posteriores, ya que una piel limpia absorbe mejor los principios activos de los productos cosméticos.

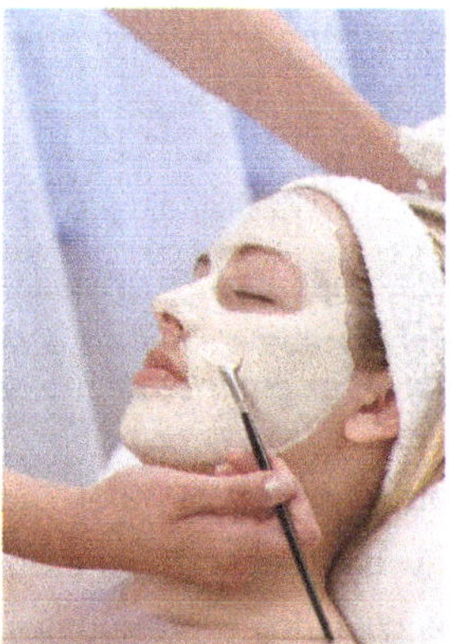

Fig. 4. Con una higiene bien realizada la permeabilidad cutánea mejora y se incrementa la eficacia de mascarillas, sérums, cremas u otros tratamientos

- A nivel preventivo, contribuye a **reducir el riesgo de infecciones o alteraciones cutáneas**, al controlar la proliferación de bacterias, hongos o parásitos que pueden desarrollarse en pieles mal higienizadas.

- Por último, proporciona una **sensación inmediata de confort y frescor**, mejorando la percepción subjetiva del bienestar y potenciando la autoestima del cliente.

Estos efectos se intensifican cuando la higiene se realiza de forma personalizada, teniendo en cuenta el tipo de piel, sus necesidades particulares y las características de la zona a tratar (rostro, espalda, escote, piernas, etc.).

Fig. 5. Aunque algunos beneficios se perciben de inmediato, muchos de ellos dependen de la regularidad y la adecuación de los productos y técnicas empleadas

Una persona con piel grasa y poros dilatados puede notar cómo, tras una limpieza profesional adecuada, la piel recupera un aspecto mate, los poros se ven menos evidentes y se reduce la aparición de granitos. Además, al aplicar posteriormente un tratamiento hidratante o equilibrante, los activos cosméticos penetran con mayor eficacia, prolongando los efectos positivos.

En el entorno profesional de la estética, la higiene cutánea no se aborda como una acción aislada ni como un gesto preliminar sin relevancia. Se considera la primera fase activa del tratamiento, una intervención que condiciona la calidad, la seguridad y la eficacia de todo el procedimiento posterior.

Antes de aplicar cualquier tipo de producto o técnica especializada, ya sea una hidratación intensiva, una exfoliación, un masaje facial, una radiofrecuencia o una envoltura corporal, es indispensable que la piel se encuentre en estado óptimo, libre de residuos, secreciones, sudor, maquillaje o cosméticos previos. Esto garantiza una mejor absorción de los principios activos y reduce el riesgo de reacciones adversas o interferencias en el resultado final.

Los profesionales deben entender que una piel mal higienizada altera la respuesta del tejido frente a los tratamientos.

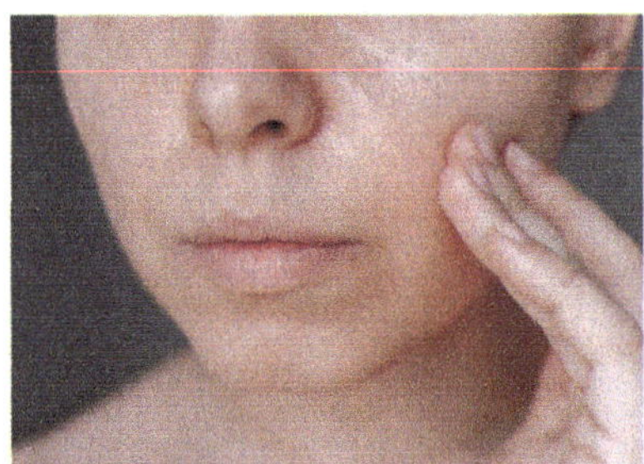

Fig. 6. La presencia de grasa superficial puede dificultar el deslizamiento correcto de manos o aparatos, mientras que el maquillaje residual puede obstruir el poro y generar reacciones inflamatorias cuando se combinan con productos específicos

Anotación

En cabina, no es suficiente con que el cliente acuda con el rostro limpio desde casa. La limpieza profesional implica técnicas y productos adaptados, realizados con criterios técnicos que superan el aseo convencional. Por tanto, el profesional debe repetir la fase de higiene incluso si el cliente afirma haberse desmaquillado previamente.

Además, la higiene permite una primera observación diagnóstica de la piel. Al limpiar cuidadosamente el rostro o el cuerpo, el profesional puede detectar señales visibles como enrojecimientos, comedones, zonas deshidratadas, poros dilatados o sensibilidad localizada. Esta observación directa permite ajustar el protocolo y personalizar el tratamiento de forma más precisa y segura.

Otro aspecto clave es la función preparatoria de la higiene. La piel limpia se encuentra en condiciones ideales para recibir cualquier tipo de técnica estética: desde la aplicación de cosméticos hasta la utilización de aparatología. Las membranas celulares presentan una mayor receptividad, y el manto hidrolipídico recupera su equilibrio, lo que mejora la respuesta biológica a los estímulos del tratamiento.

Por todo ello, la higiene debe ser entendida como una etapa estructural del tratamiento estético, al mismo nivel de importancia que el diagnóstico, la aplicación del tratamiento en sí y las recomendaciones de mantenimiento. Ignorar esta fase o realizarla de forma superficial compromete el resultado final, incrementa la posibilidad de efectos secundarios y resta valor al trabajo del profesional.

La higiene no se limita únicamente a las acciones que se realizan sobre la piel del cliente. Para que un tratamiento estético sea realmente seguro y eficaz, es indispensable que el entorno en el que se desarrolla cumpla con unos requisitos mínimos de limpieza, orden y prevención.

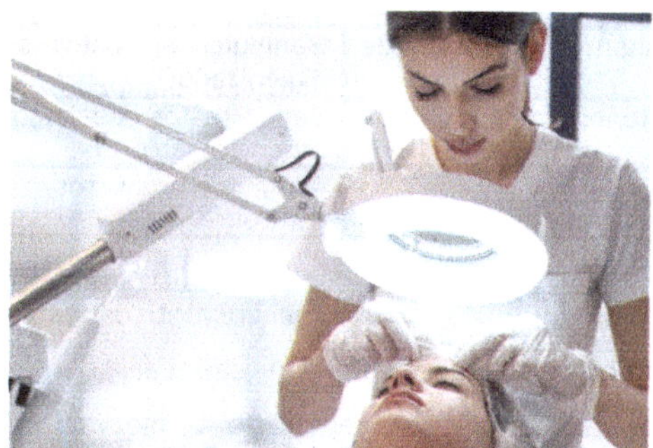

Fig. 7. La cabina de estética, el instrumental, los textiles, e incluso la presentación del profesional, forman parte del conjunto de condiciones que permiten mantener un entorno higiénicamente adecuado

Estos requisitos higiénicos responden tanto a criterios sanitarios como a criterios de calidad profesional. Una cabina limpia transmite confianza, protege la salud del cliente y del esteticista, y previene la contaminación cruzada entre personas, utensilios o superficies.

Las condiciones mínimas que deben garantizarse incluyen la limpieza diaria del espacio de trabajo, la desinfección de materiales reutilizables (como pinceles, espátulas, vaporizadores o bandejas) y el uso de productos desechables cuando sea necesario (esponjas, guantes, capas, etc.). Además, el profesional debe llevar una indumentaria limpia, recogida y exclusiva para el trabajo, evitando joyas, perfumes intensos o uñas largas que puedan comprometer la seguridad del cliente.

Durante el desarrollo de una sesión estética, es necesario cumplir con algunos gestos clave: lavado de manos antes y después de cada tratamiento, uso de soluciones antisépticas, y protección de camillas y superficies mediante fundas desechables o textiles higienizados después de cada uso.

En la siguiente tabla se resumen algunas prácticas recomendables e incorrectas relacionadas con la higiene en el entorno profesional:

Práctica correcta	Práctica incorrecta
Desinfectar útiles y superficies entre cliente y cliente	Reutilizar utensilios sin limpieza previa
Usar toallas y textiles individuales por persona	Compartir textiles entre clientes sin lavado previo
Lavado de manos con jabón neutro antes de cada atención	Manipular el rostro del cliente sin haberse higienizado
Eliminar residuos en contenedores específicos y cerrados	Dejar restos de algodón, toallas sucias o productos abiertos
Mantener el espacio ordenado y ventilado	Acumular productos, utensilios o envases sin control

Además, es imprescindible que los productos cosméticos estén bien almacenados, etiquetados y en condiciones adecuadas (sin caducar, cerrados herméticamente, alejados de fuentes de calor). Un solo error de conservación puede afectar a su composición y provocar irritaciones o reacciones indeseadas en la piel del cliente.

Aunque la estética no sea una profesión sanitaria, su actividad implica contacto directo con la piel, fluidos y mucosas. Por ello, no respetar las normas básicas de higiene profesional puede derivar en consecuencias legales, quejas de clientes o sanciones administrativas si se incumplen los requisitos mínimos exigidos en prevención y salubridad.

En definitiva, garantizar la higiene del entorno no es un detalle menor, sino un **compromiso profesional** que se refleja tanto en la seguridad del tratamiento como en la percepción de calidad del servicio ofrecido.

Resumen

La higiene cutánea constituye la base de cualquier protocolo estético profesional, ya que permite preservar la salud de la piel y optimizar los resultados de los tratamientos posteriores. No se trata únicamente de limpiar, sino de realizar un conjunto de acciones adaptadas a las características del rostro o el cuerpo, destinadas a eliminar impurezas, equilibrar el manto hidrolipídico y favorecer la oxigenación y regeneración tisular.

Este tipo de higiene se diferencia del aseo personal diario por su profundidad, precisión y objetivos técnicos. La limpieza profesional no solo elimina suciedad visible, sino que prepara la piel para recibir principios activos y aparatología, garantizando así su máxima eficacia.

Los beneficios de una higiene adecuada van desde la mejora inmediata del aspecto (más luminoso, suave y uniforme), hasta la prevención de alteraciones como poros obstruidos, infecciones o reacciones adversas. Además, estimula la microcirculación, mejora la permeabilidad cutánea y contribuye al bienestar general del cliente.

La higiene debe aplicarse siempre como fase inicial en cualquier tratamiento facial o corporal, incluso cuando el cliente haya realizado limpieza en casa. Esta fase permite también observar el estado real de la piel y ajustar el protocolo en función de sus necesidades.

Por último, no se puede hablar de higiene sin referirse al entorno profesional. La cabina debe estar limpia, ordenada y ventilada; los utensilios, desinfectados o desechables; el profesional, correctamente uniformado y con las manos higienizadas. Estas medidas garantizan la seguridad del tratamiento y reflejan el compromiso ético y técnico del esteticista.

Glosario

Aseo personal

Rutina diaria de limpieza del cuerpo que garantiza higiene básica, pero sin los objetivos ni profundidad de la higiene estética profesional.

Contaminación cruzada

Transmisión indirecta de microorganismos, residuos o productos de una persona a otra a través de utensilios, manos o superficies no higienizadas.

Cosmético

Producto formulado para ser aplicado sobre la piel con el fin de limpiarla, embellecerla, modificar su apariencia o protegerla.

Desinfección

Proceso de eliminación de microorganismos patógenos en objetos, utensilios o superficies mediante el uso de productos químicos o métodos físicos.

Higiene cutánea

Conjunto de acciones dirigidas a limpiar, proteger y equilibrar la piel, eliminando impurezas y preparándola para tratamientos estéticos.

Impurezas

Sustancias o restos que se acumulan en la superficie cutánea, como polvo, sudor, células muertas, grasa, maquillaje o contaminantes ambientales.

Manto hidrolipídico

Capa superficial protectora formada por agua y lípidos naturales, que ayuda a mantener la hidratación y defender la piel de agresiones externas.

Microcirculación

Movimiento de la sangre en los capilares más pequeños de la piel, que se activa mediante ciertas técnicas manuales y contribuye a la oxigenación y nutrición del tejido.

Permeabilidad cutánea

Capacidad de la piel para permitir el paso o absorción de principios activos u otras sustancias aplicadas externamente.

Protocolo estético

Secuencia planificada de acciones, técnicas y productos utilizada por el profesional de la estética para lograr un objetivo específico de tratamiento.

Ejercicios de autoevaluación

1. ¿Cuál es el objetivo principal de la higiene cutánea en estética profesional?

a. Sustituir el aseo personal del cliente.

b. Disminuir la sudoración.

c. Perfumar la piel.

d. Preparar la piel para recibir tratamientos estéticos.

2. ¿Qué se elimina principalmente durante la higiene profesional de la piel?

a. Grasa subcutánea.

b. Impurezas, células muertas y restos de productos.

c. Folículos pilosos.

d. Agua retenida en el tejido.

3. El manto hidrolipídico es importante porque:

a. Da color a la piel.

b. Protege la piel y regula su hidratación.

c. Forma parte del sistema nervioso.

d. Es una capa de maquillaje permanente.

4. ¿Qué efecto inmediato tiene una buena higiene facial?

a. Mejora el aspecto, frescura y oxigenación de la piel.

b. Aumenta la pigmentación.

c. Estimula el crecimiento capilar.

d. Endurece la piel.

5. ¿Cuál de las siguientes prácticas es correcta en un entorno profesional de estética?

    a. Usar la misma toalla para varios clientes.

    b. Higienizar las manos antes de cada tratamiento.

    c. Almacenar cosméticos abiertos junto a residuos.

    d. Evitar desinfectar utensilios entre clientes.

6. ¿Qué diferencia principal existe entre la higiene personal y la higiene estética?

    a. La estética incluye solo técnicas caseras.

    b. La estética tiene objetivos técnicos y preparatorios.

    c. La personal es más profunda.

    d. No hay diferencia.

7. Una piel mal higienizada puede provocar:

    a. Reacciones adversas durante el tratamiento.

    b. Mayor elasticidad.

    c. Menor absorción de oxígeno.

    d. Formación de colágeno inmediato.

8. ¿Cuál es un beneficio acumulativo de la higiene adecuada de la piel?

    a. Pérdida de sensibilidad cutánea.

    b. Eliminación de tatuajes.

    c. Estimulación de la renovación celular.

    d. Bronceado natural.

9. ¿Qué acción debe realizar el profesional antes de iniciar cualquier higiene?

a. Aplicar la mascarilla directamente.

b. Lavarse y desinfectarse las manos.

c. Mezclar productos sin etiquetar.

d. Desconectar la cabina.

10.¿Por qué debe repetirse la limpieza incluso si el cliente viene "desmaquillado"?

a. Porque es un protocolo obsoleto.

b. Porque se exige legalmente.

c. Porque retrasa el tratamiento y es opcional.

d. Porque la limpieza casera no sustituye la profesional.

U. A. 2. Tipos de tratamiento de higiene facial y corporal

Introducción

La piel es el órgano más extenso del cuerpo humano y actúa como una barrera protectora frente a agresiones externas. Para mantener su integridad y funcionalidad, es esencial llevar a cabo tratamientos adecuados de higiene facial y corporal, los cuales deben adaptarse tanto a las características individuales de la piel como a las necesidades estéticas o terapéuticas específicas.

Esta unidad aborda los principales tipos de tratamientos de higiene aplicados en estética profesional, desde los más básicos hasta los más específicos, prestando especial atención a sus fines, técnicas y protocolos de aplicación. Se diferenciarán los tratamientos destinados a la limpieza superficial, la renovación celular, la preparación para otros procedimientos cosméticos, así como aquellos orientados a mantener o mejorar la salud cutánea.

Además, se destacará la importancia de la individualización del tratamiento, considerando factores como el tipo de piel, el estado fisiológico del cliente, el entorno y los productos cosméticos utilizados.

Objetivos

- Diferenciar los principales tipos de tratamientos de higiene facial y corporal según su finalidad, profundidad de acción y zona de aplicación.
- Describir las características básicas de los tratamientos de higiene facial, distinguiendo entre tratamientos superficiales y profundos.
- Identificar los tratamientos corporales más utilizados en estética profesional, con especial atención a sus efectos higienizantes, exfoliantes o preparatorios.
- Relacionar cada tipo de tratamiento con las necesidades específicas de la piel del rostro y el cuerpo, teniendo en cuenta factores como el tipo de piel, la edad o el estilo de vida del cliente.

1. Tipos de tratamiento de higiene facial y corporal

Los tratamientos higiénicos estéticos constituyen el primer paso de cualquier intervención cosmética profesional, ya que preparan la piel para recibir productos y técnicas más específicas.

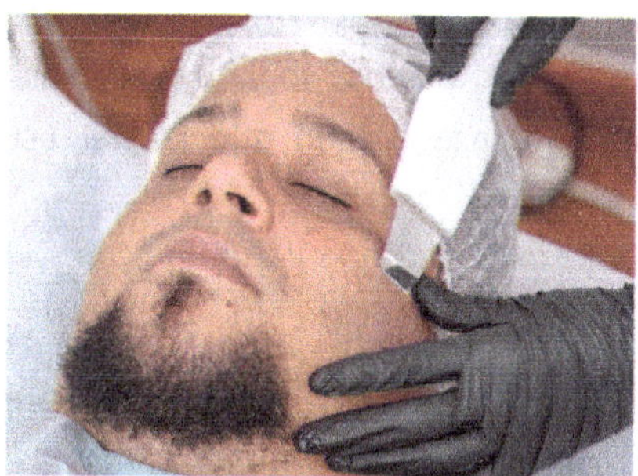

Fig. 1. Los tratamientos higiénicos estéticos tienen la finalidad principal de mantener la piel en condiciones óptimas de limpieza y equilibrio, contribuyendo tanto a su salud como a su aspecto externo

Aunque su aplicación puede parecer sencilla, existen diversos enfoques según múltiples factores que deben considerarse antes de iniciar cualquier procedimiento.

Uno de los aspectos que permite diferenciar los tratamientos de higiene es la zona del cuerpo sobre la que se aplican. Así, los procedimientos faciales se centran en la piel del rostro, cuello y escote, áreas que presentan una fisiología cutánea particular, más expuesta a factores externos como la contaminación, la radiación solar o el maquillaje. Por su parte, los tratamientos corporales se dirigen a zonas como la espalda, los brazos, las piernas o el abdomen, donde las necesidades de limpieza, renovación y preparación difieren significativamente.

Además de la zona tratada, los tratamientos se distinguen por su **nivel de profundidad**. Algunos actúan de forma superficial, eliminando restos de suciedad, células muertas y secreciones mediante productos suaves y técnicas manuales básicas. Otros alcanzan capas más profundas de la epidermis, empleando productos o aparatología con capacidad para desbloquear poros, controlar la producción sebácea o estimular procesos de regeneración celular. Esta diferenciación afecta a los productos utilizados, al tiempo de exposición, al número de fases del tratamiento y a la formación profesional requerida para su ejecución.

La finalidad que se persigue también influye en la elección y clasificación del tratamiento higiénico. En algunos casos, el objetivo es simplemente mantener la piel en estado saludable a través de una higiene periódica. En otros, el tratamiento se emplea como paso previo a una hidratación intensiva, un peeling químico, una sesión de fototerapia o una intervención estética más invasiva. En estos casos, la limpieza cumple un papel preparatorio, asegurando que la piel esté libre de impurezas y receptiva a los activos cosméticos.

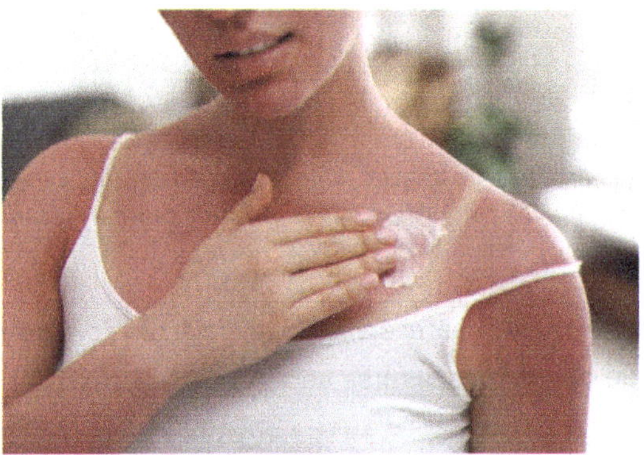

Fig. 2. Existen tratamientos cuya función principal es la normalización cutánea después de una exposición prolongada al sol, el uso de cosméticos inadecuados o desequilibrios hormonales

Anotación

Un tratamiento higiénico no debe confundirse con un procedimiento puramente cosmético o decorativo. Aunque pueda formar parte de un servicio más amplio, su enfoque está centrado en el mantenimiento de la salud cutánea, por lo que su correcta ejecución requiere conocimientos específicos sobre fisiología de la piel, tipos cutáneos y productos cosméticos.

Para ilustrar de forma clara las diferencias entre los tratamientos higiénicos más comunes, puede resultar útil resumir sus características en la siguiente tabla comparativa:

Tipo de tratamiento	Zona principal	Nivel de profundidad	Finalidad principal	Frecuencia recomendada
Higiene facial básica	Rostro y cuello	Superficial	Eliminación de impurezas diarias	1 vez por semana o según piel
Higiene facial profunda	Rostro y cuello	Media	Renovación celular, desbloqueo de poros	Cada 4 a 6 semanas
Higiene corporal exfoliante	Espalda, piernas, brazos	Superficial/media	Renovación cutánea y preparación posterior	1 o 2 veces al mes
Higiene preparatoria	Rostro y/o cuerpo	Variable	Previo a otros tratamientos estéticos	Según plan de trabajo estético

Fig. 3. La exfoliación es una técnica estética fundamental que consiste en eliminar las células muertas acumuladas en la capa más superficial de la piel, conocida como estrato córneo

Aunque esta clasificación resulta orientativa, es fundamental que el profesional valore individualmente cada caso, teniendo en cuenta el historial cosmético del cliente, el tipo y estado de su piel, sus hábitos de cuidado personal y el contexto en el que se va a realizar el tratamiento.

Ejemplo

Una clienta con piel grasa que acude por primera vez a un centro estético puede beneficiarse de una higiene facial profunda como punto de partida. Sin embargo, si su piel presenta signos de irritación, puede ser preferible comenzar con un tratamiento básico que evite agresiones y normalice el manto hidrolipídico antes de aplicar técnicas más intensivas.

Los tratamientos de higiene facial representan una de las técnicas más demandadas en los centros estéticos, tanto por su valor terapéutico como por su papel como base indispensable para cualquier procedimiento posterior. Su aplicación periódica permite mantener la piel del rostro limpia, equilibrada y preparada para absorber mejor los principios activos de otros productos cosméticos.

Al considerar las finalidades que justifican la realización de un tratamiento de higiene facial, puede decirse que este tipo de intervenciones persigue, entre otras, las siguientes metas:

- Conservar el buen estado cutáneo.
- Eliminar impurezas y restos de cosméticos.
- Regular el exceso de sebo.
- Prevenir imperfecciones.
- Estimular los mecanismos naturales de renovación.

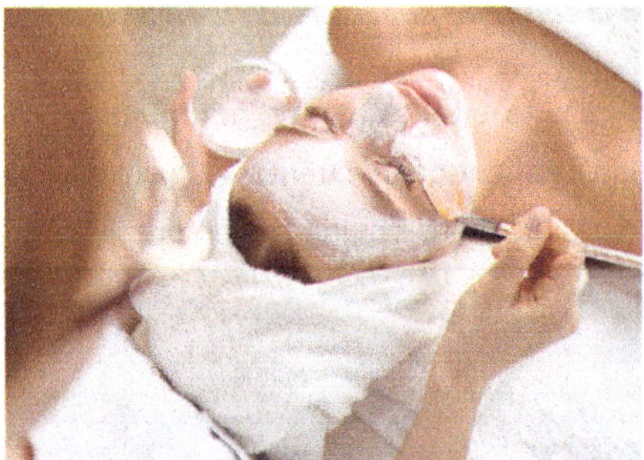

Fig. 4. Cuando se planifica un tratamiento complejo, como una hidratación profunda, un peeling o el uso de aparatología, la higiene facial se convierte en una etapa imprescindible de preparación

Los beneficios esperados tras una sesión de higiene facial, cuando está correctamente indicada y ejecutada, son los siguientes:

- Una mejora en la textura de la piel.
- Un aspecto más luminoso y uniforme.
- Una disminución de la congestión sebácea.
- Una mayor receptividad cutánea a los productos aplicados posteriormente.

Estos efectos tienen un valor estético inmediato y un impacto positivo en la salud de la piel a medio plazo.

Una higiene facial bien realizada debe respetar la barrera cutánea, evitar manipulaciones innecesarias y adaptarse siempre al tipo de piel y a las condiciones particulares del cliente. Un procedimiento mal indicado puede generar efectos contrarios, como deshidratación, sensibilidad o inflamación.

En función de su modalidad, los tratamientos de higiene facial pueden clasificarse según la profundidad de acción y la secuencia de fases que componen el procedimiento.

Desde este punto de vista, pueden distinguirse tres tipos principales de abordaje:

Cuando el objetivo es mantener la piel libre de residuos acumulados por la vida diaria, como polvo, sudor, partículas contaminantes o restos de maquillaje, se opta por **tratamientos de higiene básica**. Estos suelen incluir limpieza superficial con productos suaves, tónico equilibrante y, en algunos casos, una exfoliación ligera. Están especialmente indicados en pieles sin alteraciones visibles, como medida de mantenimiento.

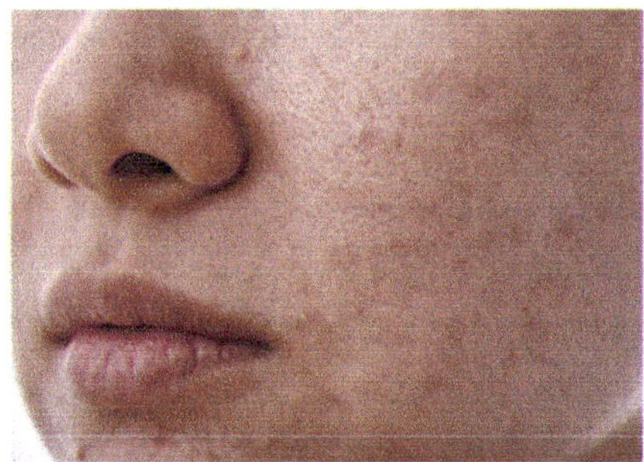

Fig. 5. En situaciones donde existe una acumulación evidente de comedones, exceso de sebo o signos de obstrucción folicular, se recomienda realizar una higiene facial profunda

Esta modalidad incorpora técnicas que permiten la extracción de impurezas retenidas, una exfoliación más intensa o localizada, la aplicación de productos específicos para disolver sebo endurecido, y el uso puntual de aparatología. Estas higienes deben programarse con menor frecuencia y con una valoración previa del estado cutáneo, ya que su aplicación indiscriminada puede dañar las pieles sensibles o reactivas.

También es posible llevar a cabo una higiene facial con finalidad preparatoria, es decir, orientada a mejorar la eficacia de otros tratamientos. Este tipo de higiene se realiza en el mismo día o en los días previos a una sesión de hidratación, antiacné, despigmentante o reafirmante, y su estructura se adapta a los requerimientos del protocolo posterior. Por ejemplo, una piel que va a recibir un tratamiento con vitamina C puede necesitar una higiene previa sin productos exfoliantes, para evitar interacciones irritantes.

Un cliente con piel masculina mixta y signos de fatiga acude para mejorar su aspecto general antes de un evento. En este caso, se podría recomendar una higiene facial de tipo preparatorio, que incluya limpieza superficial, exfoliación enzimática suave, masaje descongestivo y mascarilla revitalizante, dejando la piel oxigenada y luminosa sin agredirla.

Para sintetizar las diferencias principales entre estas modalidades, puede utilizarse la siguiente tabla:

Modalidad de higiene facial	Objetivo principal	Frecuencia sugerida	Indicaciones comunes
Higiene básica	Mantenimiento y prevención	Semanal o quincenal	Pieles normales o ligeramente alteradas
Higiene profunda	Renovación, limpieza intensiva	Cada 4 a 6 semanas	Pieles grasas, acnéicas o con impurezas
Higiene preparatoria	Optimizar resultados de otros tratamientos	Según protocolo estético	Antes de tratamientos específicos

La selección adecuada del tipo de higiene facial debe basarse en una valoración visual y táctil de la piel, pero también en el diálogo con el cliente, sus hábitos, su historia cosmética y las expectativas que tenga. No existe una fórmula única para todas las personas, y la personalización es, en estética, la clave para obtener buenos resultados.

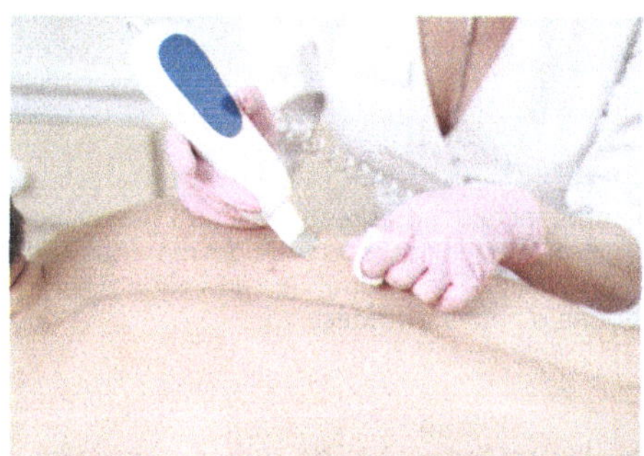

Fig. 6. Aunque la piel del cuerpo comparte muchas funciones con la del rostro, sus características fisiológicas y su exposición a factores externos hacen que las necesidades de higiene y tratamiento sean distintas

En la práctica profesional de la estética, los tratamientos de higiene corporal permiten mejorar la apariencia, prevenir alteraciones cutáneas y favorecer la absorción de productos cosméticos aplicados posteriormente.

Las finalidades de estos tratamientos van más allá de la simple limpieza.

Entre los objetivos más frecuentes que persiguen los procedimientos de higiene corporal se encuentran:

- Eliminar células muertas y restos de sudor o cosméticos corporales
- Favorecer la renovación celular
- Mejorar la microcirculación periférica
- Oxigenar los tejidos
- Preparar la piel para otros tratamientos, como la hidratación, la envoltura o el masaje.

También pueden formar parte de rutinas orientadas al bienestar, la relajación o el cuidado previo a eventos.

Anotación

A diferencia de los tratamientos faciales, que requieren una mayor personalización y diagnóstico previo, los de higiene corporal suelen aplicarse de forma más estandarizada. No obstante, deben respetar siempre la sensibilidad individual de cada cliente y tener en cuenta la existencia de patologías cutáneas, heridas o zonas irritadas.

En el ámbito profesional, los tratamientos de higiene corporal más habituales pueden clasificarse según su finalidad principal y el tipo de técnica que emplean.

Cuando se desea renovar la **capa córnea** y **eliminar células muertas**, se opta por exfoliaciones corporales, que pueden realizarse con diferentes métodos:

- A través de agentes físicos, como sales marinas, azúcar, semillas molidas o microgránulos vegetales, que actúan por fricción manual sobre la superficie cutánea.
- Mediante productos enzimáticos o químicos suaves, como los que contienen alfa-hidroxiácidos (AHA), indicados para pieles sensibles o envejecidas.

Estas exfoliaciones se aplican generalmente en la espalda, piernas y brazos, y se acompañan de un masaje suave que favorece la activación circulatoria.

Otra modalidad frecuente son las **envolturas higienizantes**, especialmente útiles en pieles que presentan signos de sobrecarga, toxinas o falta de vitalidad. Este tratamiento consiste en aplicar sobre el cuerpo productos naturales con propiedades purificantes, como barros termales, algas marinas o arcillas, que se dejan actuar durante un tiempo determinado antes de ser retirados mediante ducha o paños calientes.

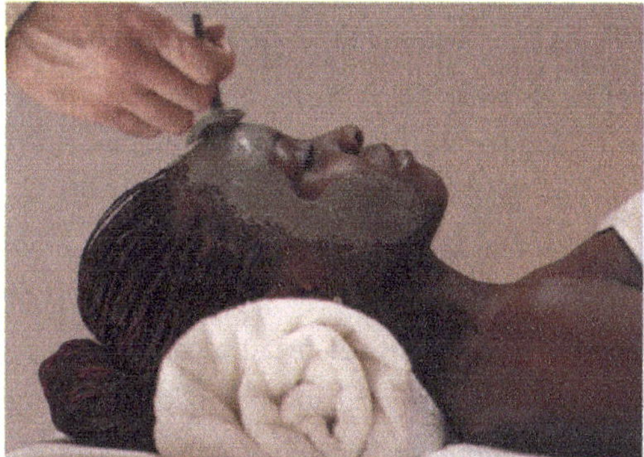

Fig. 7. La aplicación de mascarillas de arcilla es un tratamiento cosmético muy utilizado para purificar, desintoxicar y equilibrar la piel, especialmente en pieles grasas o con tendencia acneica

Asimismo, existen **tratamientos de limpieza localizada**, especialmente indicados para zonas problemáticas como la espalda (en casos de acné corporal leve) o el escote. En estos casos se emplean protocolos similares a los del tratamiento facial, aunque adaptados a la piel más gruesa y resistente de estas áreas.

Una persona joven que acude por presentar granitos en la parte superior de la espalda podría beneficiarse de un tratamiento de higiene corporal localizado, que combine exfoliación física, vaporización moderada, extracción controlada y aplicación de mascarilla calmante con propiedades antibacterianas.

La siguiente tabla resume los tratamientos más habituales, con sus indicaciones y precauciones principales:

Tipo de tratamiento	Finalidad principal	Áreas comunes de aplicación	Precauciones
Exfoliación física	Eliminación de células muertas	Piernas, brazos, espalda	Evitar pieles sensibles o irritadas
Exfoliación enzimática	Renovación suave en pieles delicadas	Todo el cuerpo	Requiere prueba de tolerancia
Envoltura purificante	Desintoxicación y oxigenación	Cuerpo completo	No aplicar en heridas abiertas
Limpieza localizada	Control de impurezas en zonas específicas	Espalda, escote	Aplicar técnicas adaptadas

La frecuencia con la que estos tratamientos deben realizarse dependerá del tipo de piel, la estación del año, el estilo de vida del cliente y los tratamientos posteriores planificados. En general, una exfoliación corporal al mes es suficiente para mantener la piel renovada, aunque puede aumentarse en caso de preparación para un tratamiento reafirmante o anticelulítico.

El éxito de un tratamiento higiénico, ya sea facial o corporal, depende en gran medida de una elección adecuada. No basta con aplicar un protocolo general; es necesario observar, escuchar y analizar para decidir qué tratamiento es el más apropiado para cada cliente. Esta capacidad de selección se basa en la valoración de las características individuales de la piel, pero también en factores externos y en el objetivo final del procedimiento.

El primer criterio fundamental es el tipo de piel. No todas las pieles reaccionan igual ante los productos cosméticos ni ante las técnicas manuales o mecánicas.

Fig. 8. Las pieles secas o alípicas requieren tratamientos suaves que no eliminen el poco sebo que poseen de forma natural

En cambio, las pieles grasas pueden beneficiarse de higienes más profundas, aunque siempre evitando la sobreestimulación de las glándulas sebáceas.

Cuando se trata de pieles sensibles o con tendencia a la irritación, es imprescindible elegir tratamientos que respeten la barrera cutánea, eviten fricciones innecesarias y no contengan perfumes, alcoholes o principios activos agresivos. En estos casos, la higiene debe centrarse en calmar, limpiar sin alterar y restaurar el equilibrio del manto hidrolipídico.

Otro aspecto clave es el estado momentáneo de la piel. Incluso una piel normal puede volverse reactiva, deshidratada o congestionada en determinados momentos del año o ante situaciones de estrés, cambios hormonales, exposición solar intensa o uso inadecuado de cosméticos. Por tanto, una misma persona puede necesitar distintos tipos de higiene en función de su estado actual.

Además del tipo y estado cutáneo, es importante considerar el objetivo del tratamiento estético global. Si la higiene forma parte de una sesión puntual de bienestar o mantenimiento, puede optarse por un tratamiento sencillo, relajante y sin aparatología. En cambio, si se va a aplicar un tratamiento posterior como una hidratación profunda, un peeling o una técnica de reafirmación, la higiene deberá adaptarse para maximizar la eficacia del proceso posterior.

Anotación

El tratamiento de higiene no debe ser nunca un procedimiento estándar. Debe ajustarse a las condiciones concretas de cada sesión, y, en caso de duda, es preferible aplicar un protocolo más suave y progresivo que arriesgarse a una agresión innecesaria.

También deben tenerse en cuenta otros factores como la edad del cliente, el sexo, los hábitos de cuidado en casa, la exposición al sol o el uso regular de productos o medicamentos que puedan alterar la piel (como retinoides o exfoliantes químicos). Todos estos datos deben recogerse y valorarse antes de realizar cualquier procedimiento.

Una clienta de 50 años con piel sensible y fina, que usa productos despigmentantes y está preparando su piel para un tratamiento antiedad, requerirá una higiene facial preparatoria muy cuidadosa. En este caso, se deben evitar exfoliaciones fuertes, extracciones agresivas o aparatología que pueda sensibilizar aún más su piel.

Por lo tanto, seleccionar el tratamiento higiénico adecuado implica observar, dialogar y aplicar criterios técnicos, no solo cosméticos.

La siguiente tabla recoge algunos ejemplos de elección orientativa en función de los factores mencionados:

Característica del cliente	Tipo de higiene recomendada	Recomendaciones adicionales
Piel grasa con impurezas visibles	Higiene facial profunda	Controlar la duración de la extracción
Piel seca y deshidratada	Higiene básica + mascarilla hidratante	Evitar exfoliaciones físicas
Piel sensible o reactiva	Higiene suave y calmante	Productos sin perfume ni alcohol
Hombre con piel gruesa y poros visibles	Higiene facial con exfoliación enzimática	Evitar fragancias fuertes y usar texturas ligeras
Acné en espalda o escote	Higiene corporal localizada	Extracción controlada + cosmética específica

La capacidad para seleccionar y justificar el tratamiento más adecuado refleja el nivel de profesionalidad del esteticista y garantiza mejores resultados y la fidelización del cliente gracias a la personalización del servicio.

Resumen

Los tratamientos de higiene facial y corporal son procedimientos fundamentales en el ámbito de la estética profesional, como medida de mantenimiento cutáneo y, también, como paso previo imprescindible para la aplicación de otros tratamientos más específicos. Aunque puedan parecer simples a primera vista, su correcta elección y ejecución requiere un conocimiento preciso de las necesidades individuales de cada cliente y de la fisiología de la piel.

En primer lugar, los tratamientos higiénicos pueden clasificarse en función de distintos criterios. Uno de ellos es la zona del cuerpo tratada, distinguiéndose entre tratamientos faciales y corporales. Otro criterio fundamental es el nivel de profundidad con el que actúan: mientras algunos tratamientos realizan una limpieza superficial orientada al mantenimiento, otros profundizan en las capas externas de la epidermis para eliminar impurezas más persistentes. También es relevante la finalidad del tratamiento, ya que algunos buscan exclusivamente limpiar, mientras que otros cumplen una función preparatoria para tratamientos posteriores o contribuyen a la normalización de desequilibrios cutáneos.

Dentro del ámbito facial, pueden diferenciarse tres modalidades principales. La higiene facial básica se orienta al mantenimiento y a la eliminación de residuos diarios; la higiene facial profunda actúa con mayor intensidad y suele incluir extracción de impurezas, siendo útil en pieles con exceso de sebo o tendencia acneica; y la higiene preparatoria, que tiene como objetivo optimizar el resultado de tratamientos estéticos aplicados a continuación, como hidrataciones, peelings o técnicas reafirmantes.

En cuanto al cuerpo, los tratamientos higiénicos más frecuentes incluyen exfoliaciones físicas o enzimáticas, que permiten eliminar células muertas y activar la renovación celular, y envolturas purificantes, que oxigenan y revitalizan los tejidos. También se realizan higienes localizadas en zonas específicas como la espalda, sobre todo cuando existen impurezas o alteraciones visibles. Estos tratamientos, aunque menos personalizados que los faciales, también deben ajustarse a las condiciones de la piel y al objetivo estético general.

Seleccionar el tratamiento adecuado implica valorar varios factores. El tipo de piel (grasa, seca, sensible, envejecida...), su estado momentáneo (deshidratación, congestión, irritación...), y el objetivo del tratamiento global son aspectos clave que el profesional debe considerar. También influyen la edad, el estilo de vida del cliente, los hábitos cosméticos y el uso de medicamentos tópicos o sistémicos. Esta valoración debe hacerse siempre antes de iniciar el tratamiento, y en caso de duda, debe optarse por un protocolo más suave que respete la integridad cutánea.

Glosario

Comedón

Lesión cutánea no inflamatoria producida por la obstrucción de un folículo pilosebáceo, comúnmente conocido como "punto negro" cuando está abierto, o "punto blanco" cuando está cerrado.

Envoltura

Técnica que consiste en aplicar sobre la piel del cuerpo sustancias como barro, algas o arcilla, que se dejan actuar durante un tiempo determinado para estimular la oxigenación, la limpieza profunda o el drenaje.

Exfoliación

Procedimiento estético que consiste en eliminar las células muertas acumuladas en la capa más superficial de la piel, favoreciendo su renovación y mejorando su textura. Puede ser física (por fricción), química (con ácidos) o enzimática (con extractos naturales).

Higiene corporal

Conjunto de tratamientos aplicados sobre el cuerpo (piernas, espalda, brazos...) con finalidad limpiadora, exfoliante o purificante, y que preparan la piel para otros procedimientos.

Higiene facial básica

Tratamiento estético de limpieza superficial del rostro, destinado a eliminar residuos, restos de cosméticos y suciedad ambiental, sin realizar extracciones profundas.

Higiene facial profunda

Procedimiento que incluye la limpieza intensiva de la piel del rostro, incorporando fases como la exfoliación, extracción de comedones y aplicación de mascarillas purificantes, adaptado al tipo de piel.

Higiene preparatoria

Tratamiento de limpieza realizado antes de aplicar un procedimiento estético más específico, con el objetivo de preparar la piel y mejorar la absorción de los productos posteriores.

Manto hidrolipídico

Fina capa protectora formada por agua y lípidos que recubre la epidermis, ayudando a mantener la hidratación y actuando como barrera frente a microorganismos y agresiones externas.

Piel alípica

Tipo de piel caracterizada por una producción deficiente de sebo, lo que provoca sequedad, tirantez y descamación. Requiere tratamientos suaves y nutritivos.

Zona localizada

Área concreta del cuerpo o rostro que presenta una alteración o necesidad específica, como la espalda acneica, el escote con impurezas o zonas con deshidratación focalizada.

Ejercicios de autoevaluación

1. ¿Cuál de las siguientes opciones describe mejor la finalidad de un tratamiento de higiene facial preparatorio?

a. Limpiar en profundidad zonas corporales con impurezas.

b. Optimizar los resultados de un tratamiento posterior.

c. Sustituir una higiene profunda semanal.

d. Relajar al cliente durante el procedimiento.

2. ¿Qué zona corporal suele requerir con mayor frecuencia una higiene localizada?

a. Abdomen.

b. Piernas.

c. Espalda.

d. Manos.

3. ¿Qué tipo de exfoliación se recomienda en pieles sensibles?

a. Física con sal marina.

b. Exfoliante mecánico con gránulos grandes.

c. Enzimática.

d. Abrasiva con cepillo rotatorio.

4. ¿Cuál es el objetivo principal de una higiene facial profunda?

a. Aplicar cosméticos decorativos.

b. Eliminar comedones e impurezas retenidas.

c. Tonificar los músculos faciales.

d. Aportar color a la piel.

5. ¿Qué característica tiene la piel alípica?

    a. Exceso de sebo.

    b. Falta de secreción grasa.

    c. Producción abundante de sudor.

    d. Hipersensibilidad inmunitaria.

6. ¿Cada cuánto tiempo se recomienda, de forma orientativa, realizar una higiene facial profunda?

    a. A diario.

    b. Cada 4 a 6 semanas.

    c. Solo en verano.

    d. Una vez al año.

7. ¿Cuál de las siguientes opciones es un tratamiento corporal higienizante?

    a. Envoltura de arcilla purificante.

    b. Tinte de pestañas.

    c. Tratamiento capilar hidratante.

    d. Depilación facial con cera.

8. ¿Qué beneficio aporta una exfoliación corporal antes de un tratamiento hidratante?

    a. Elimina los vellos.

    b. Mejora la absorción de los principios activos.

    c. Restaura el maquillaje.

    d. Regenera las glándulas sebáceas.

9. ¿Cuál de los siguientes factores no influye directamente en la elección del tratamiento higiénico?

a. Tipo de piel.

b. Estado momentáneo de la piel.

c. Tratamiento estético posterior.

d. Color de ojos del cliente.

10.¿Qué objetivo cumple el manto hidrolipídico?

a. Incrementar el grosor de la epidermis.

b. Estimular la sudoración.

c. Proteger e hidratar la piel.

d. Controlar la pigmentación.

U. A. 2. Tipos de tratamiento de higiene facial y corporal

U. A. 3. La limpieza superficial y el desmaquillado de la piel. técnicas de realización

Introducción

La limpieza superficial y el desmaquillado constituyen el primer paso fundamental en cualquier tratamiento estético, ya que permiten eliminar impurezas, residuos de maquillaje, contaminación ambiental y secreciones cutáneas que se acumulan en la superficie de la piel. Estas acciones mejoran el aspecto inmediato del rostro y el cuerpo, y también preparan la piel para recibir tratamientos posteriores con mayor eficacia.

Este tipo de limpieza debe realizarse respetando el equilibrio fisiológico cutáneo, teniendo en cuenta el tipo de piel del cliente, las zonas a tratar y los productos cosméticos adecuados para cada necesidad. En este sentido, es esencial dominar las técnicas de aplicación manual, la manipulación correcta de los útiles profesionales (como esponjas, algodones o toallitas), y la elección de emulsiones limpiadoras, leches desmaquillantes o aguas micelares.

En el caso del rostro, el desmaquillado debe adaptarse a la zona específica (ojos, labios, rostro), aplicando movimientos suaves y siguiendo un protocolo técnico que evite la irritación de zonas sensibles. El conocimiento y la correcta ejecución de estas técnicas favorece tanto la higiene cutánea como la relajación del cliente y la eficacia global del tratamiento estético.

Objetivos

- Describir el procedimiento técnico de limpieza superficial y desmaquillado, diferenciando entre las zonas del rostro (ojos, labios y rostro completo) y adaptando los movimientos a cada una de ellas.

- Seleccionar y aplicar correctamente los productos cosméticos adecuados para la limpieza superficial y el desmaquillado, siguiendo criterios de seguridad, eficacia e higiene.

- Utilizar los útiles y materiales profesionales de forma adecuada, asegurando la higiene del proceso y el confort del cliente durante la limpieza superficial.

- Ejecutar las técnicas manuales de limpieza y desmaquillado de forma secuenciada, respetando el protocolo estético y las características de la piel en cada caso.

1. La limpieza superficial y el desmaquillado de la piel. técnicas de realización

La limpieza superficial de la piel constituye el primer paso en cualquier procedimiento estético facial o corporal. Su función principal es eliminar de forma segura y eficaz las impurezas acumuladas en la superficie cutánea, como el polvo ambiental, el sudor, la secreción sebácea, los restos de maquillaje y otros residuos que impiden la correcta oxigenación de la piel y la absorción de los productos aplicados posteriormente.

Este tipo de higiene no tiene un carácter correctivo ni busca una acción profunda sobre el tejido, sino que actúa sobre las capas más externas del estrato córneo, respetando su equilibrio natural. Además de su valor higiénico, esta limpieza cumple una función preparatoria que mejora la eficacia de los tratamientos posteriores, ya sean hidratantes, nutritivos o de otro tipo.

En un contexto profesional, la limpieza superficial se realiza tanto al inicio de una sesión estética como en servicios de mantenimiento o rutina diaria, y debe ejecutarse de forma controlada, respetando los protocolos de higiene y las características del cliente.

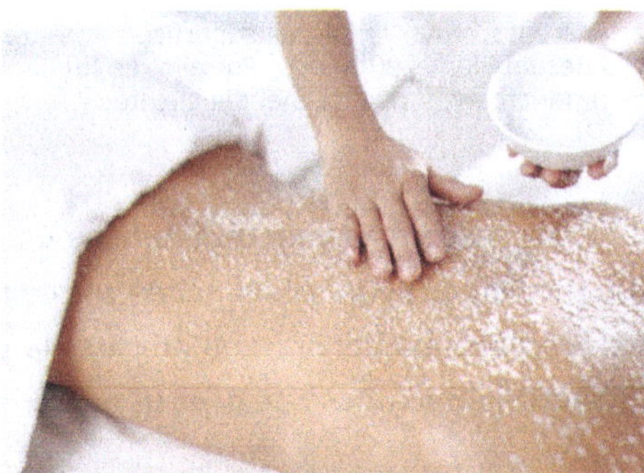

Fig. 1. Aunque en el entorno doméstico muchas personas realizan una higiene básica diaria, el tratamiento profesional aporta valor añadido al aplicar técnicas precisas, cosméticos de mayor calidad y criterios individualizados

Ejemplo

Una clienta acude al centro estético con restos de maquillaje resistente y piel visiblemente apagada. Antes de aplicar un tratamiento hidratante, la esteticista realiza una limpieza superficial con una leche limpiadora adaptada a su piel y un tónico suave, utilizando discos de algodón. Esta limpieza, lejos de ser un trámite, mejora el aspecto inmediato del rostro y permite que los principios activos del tratamiento posterior penetren con mayor eficacia.

La limpieza superficial debe adaptarse a distintos factores, entre ellos la frecuencia del tratamiento. Aunque no existe una regla rígida, se considera conveniente realizarla:

- **Antes de cualquier tratamiento estético profesional.**
- **Al final de la jornada, como desmaquillado nocturno**, especialmente en personas que utilizan productos cosméticos decorativos.
- **Después de la exposición a ambientes contaminados** o con elevada sudoración.

Anotación

A pesar de su sencillez aparente, una limpieza superficial mal realizada puede generar molestias, irritación ocular o desequilibrios cutáneos. Por ello, es fundamental que el profesional conozca bien la técnica, los productos y el tipo de piel del cliente.

Por último, es importante comprender que esta técnica tiene un carácter introductorio dentro del conjunto del tratamiento. Su propósito no es sustituir procedimientos más intensivos, como la exfoliación o la extracción, sino preparar la piel para recibirlos en condiciones óptimas, evitando interferencias que puedan reducir su eficacia o provocar efectos adversos.

La elección adecuada de los productos cosméticos es fundamental para garantizar una limpieza superficial eficaz y segura. Estos productos deben respetar el equilibrio hidrolipídico de la piel, adaptarse a la zona a tratar y facilitar la eliminación de residuos sin provocar irritación ni deshidratación.

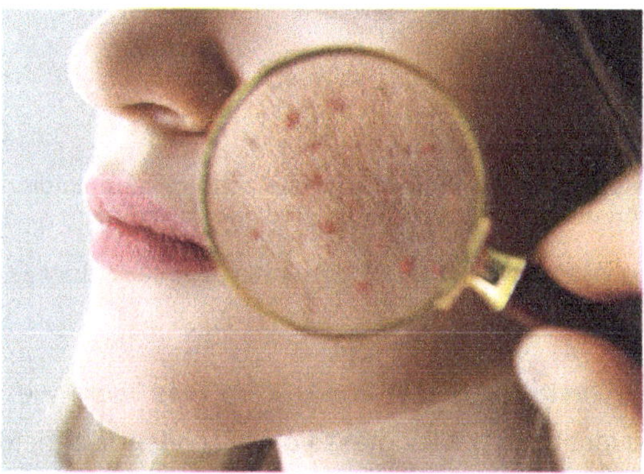

Fig. 2. En un entorno profesional, los productos más empleados para la limpieza superficial y el desmaquillado se seleccionan según la textura, el tipo de piel del cliente, la zona específica del rostro y la resistencia del maquillaje

A continuación, se exponen los principales productos utilizados con breves casos prácticos de intervención y resultados para cada uno:

- **Leche limpiadora**: emulsión fluida que arrastra impurezas grasas y maquillaje. Se retira con esponjas humedecidas o discos de algodón. Está especialmente indicada para pieles normales, secas o sensibles.

Una clienta con piel seca acude al centro con sensación de tirantez. Se aplica leche limpiadora con las manos, realizando movimientos circulares suaves desde el centro hacia los laterales del rostro.

La piel queda libre de residuos grasos, cómoda y preparada para el tónico y la hidratación posterior.

- **Loción micelar**: solución acuosa con micelas que capturan la suciedad y los residuos del maquillaje sin necesidad de aclarado. Apta para pieles sensibles y muy utilizada como producto multifunción.

Un cliente con piel sensible y sin maquillaje acude a una limpieza básica. Se emplea agua micelar con discos de algodón, sin necesidad de aclarado.

Se elimina el polvo ambiental y la piel queda fresca sin alteraciones ni enrojecimiento.

- **Gel limpiador facial**: presenta una textura más ligera y espumosa. Se aclara con agua y es ideal para pieles grasas o con tendencia acneica.

Adolescente con piel grasa y brillo excesivo en la zona T. Se utiliza un gel limpiador espumoso, masajeando sobre la piel húmeda y retirando con agua.

Reducción del sebo superficial y sensación de limpieza sin tirantez.

- **Aceites desmaquillantes**: disuelven eficazmente el maquillaje, incluso el resistente al agua. Aunque son oleosos, muchos tienen fórmulas no comedogénicas aptas para pieles mixtas.

Clienta con maquillaje *waterproof* en todo el rostro. Se aplica aceite desmaquillante directamente con las manos, emulsionándolo con agua y retirándolo con esponjas tibias.

Eliminación completa del maquillaje sin fricción excesiva ni residuos.

- **Tónicos**: se aplican tras la limpieza para tonificar, equilibrar el pH y preparar la piel para el tratamiento posterior. Pueden ser calmantes, astringentes o hidratantes.

Después de una limpieza completa con gel, el cliente presenta ligera rojez. Se aplica un tónico facial calmante con disco de algodón.

Se equilibra el pH de la piel, disminuye la rojez y se deja la piel lista para hidratar.

- **Desmaquillante bifásico**: combina una fase oleosa y otra acuosa. Es específico para eliminar maquillaje resistente en zonas como los ojos o los labios.

Una clienta con delineador resistente en los ojos y pintalabios de larga duración. Se utiliza un desmaquillante bifásico en discos de algodón, dejándolo actuar unos segundos sobre párpados y labios.

El maquillaje resistente se disuelve sin necesidad de frotar, protegiendo la zona ocular.

- **Toallitas desmaquillantes**: de uso ocasional o auxiliar. No sustituyen a la limpieza profesional, pero pueden emplearse como apoyo en ciertos contextos.

Una clienta llega al centro estético justo después del trabajo, con poco tiempo para una sesión completa y el maquillaje ligeramente deteriorado.

La profesional utiliza toallitas desmaquillantes para eliminar rápidamente los restos más visibles de maquillaje antes de proceder con una limpieza profesional completa.

Se logra una limpieza inicial que facilita el trabajo posterior, sin sustituir el uso de productos adecuados ni las técnicas profesionales.

Se expone una tabla que describe la selección de productos según las características principales:

Producto	Textura	Tipo de piel recomendado	Zona de aplicación	Requiere aclarado
Leche limpiadora	Emulsión fluida	Seca, normal, sensible	Rostro completo	Sí
Loción micelar	Acuosa	Todo tipo, especialmente sensible	Rostro, ojos, labios	No
Gel limpiador	Ligera y espumosa	Grasa, mixta, acneica	Rostro completo	Sí
Aceite desmaquillante	Oleosa	Todo tipo (según fórmula)	Rostro, ojos, labios	Sí
Desmaquillante bifásico	Oleoacuosa	Todo tipo	Ojos, labios	No (opcional)
Tónico facial	Acuosa	Según función	Rostro	No

Ejemplo

En una sesión estética, un cliente presenta restos de maquillaje *waterproof* en ojos y labios, junto con piel mixta. La esteticista aplica primero un desmaquillante bifásico en las zonas sensibles, seguido de un gel limpiador para el resto del rostro y finalmente un tónico astringente para equilibrar la piel antes del tratamiento.

El orden de aplicación también influye en la eficacia del procedimiento. Por norma general, se comienza por los ojos, continúa por los labios y finalmente se limpia el rostro. Esto evita arrastrar pigmentos oscuros sobre zonas más amplias y protege las áreas más sensibles.

Anotación

No todos los productos son universales. Algunos desmaquillantes pueden contener alcohol o perfumes que irritan determinadas pieles. Por ello, siempre debe realizarse una selección profesional y personalizada en función de las características del cliente y del producto a eliminar.

Además de los productos cosméticos adecuados, la limpieza superficial y el desmaquillado requieren el uso de **útiles específicos**, cuya correcta selección y manipulación contribuye a la eficacia del procedimiento, al confort del cliente y al cumplimiento de las normas higiénico-sanitarias del entorno profesional.

En función del protocolo y del tipo de producto utilizado, el profesional puede emplear distintos elementos de apoyo.

Entre los más habituales se encuentran:

- **Discos de algodón**: se utilizan para aplicar productos fluidos como aguas micelares o tónicos.

Fig. 3. Los discos de algodón deben ser de un material suave y sin costuras que pueda irritar la piel

- **Esponjas estéticas**: permiten retirar productos cremosos, como la leche limpiadora, de manera uniforme. Se emplean humedecidas y deben limpiarse o desecharse tras cada uso.

- **Toallitas desechables o toallas faciales**: se usan para retirar productos o secar suavemente la piel. Las reutilizables deben lavarse a alta temperatura después de cada sesión.

- **Paletas o espátulas**: sirven para extraer productos de envases no dosificadores sin contaminarlos.

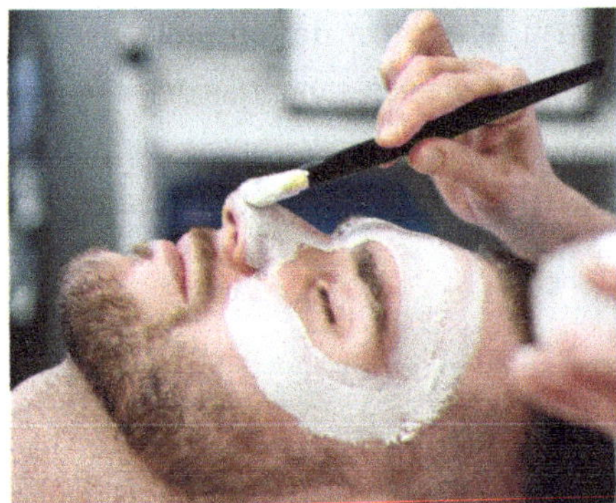

Fig. 4. Las paletas y las espátulas son especialmente útiles para cremas y emulsiones

- **Boles o cuencos**: utilizados para preparar mezclas, diluir tónicos o contener agua tibia durante el proceso de limpieza.
- **Guantes**: aunque no siempre son necesarios, pueden utilizarse en algunos procedimientos o con clientes que presenten lesiones cutáneas, por precaución higiénica.

Se expone, a continuación, la relación entre útiles y su función principal:

Útil o material	Función principal	Observaciones higiénicas
Discos de algodón	Aplicar o retirar productos líquidos	Desechables tras cada uso
Esponjas estéticas	Retirar emulsiones o geles	Lavar o esterilizar después de cada cliente
Toallitas / toallas faciales	Secar o cubrir la piel	Reutilizables solo con lavado desinfectante
Espátulas o paletas	Extraer producto del envase	Desinfectar tras cada uso
Boles o cuencos	Contener mezclas o agua	Limpieza con detergente bactericida
Guantes	Protección puntual	Desechables o desinfectables, según el tipo

Durante una limpieza facial, la profesional aplica una leche limpiadora con las yemas de los dedos, la retira con esponjas humedecidas en agua tibia, aplica tónico con discos de algodón y seca la piel con una toalla facial suave. Cada útil se manipula siguiendo un protocolo de higiene estricto para garantizar la seguridad del procedimiento.

Fig. 5. Es importante recordar que el uso compartido de útiles no desinfectados entre clientes puede generar riesgos de contaminación cruzada, especialmente en zonas sensibles como ojos o labios, por lo que la limpieza y desinfección rigurosa es parte esencial del trabajo profesional

Además de la función técnica, la forma en que se presentan y manipulan estos materiales influye en la percepción de profesionalidad y confianza por parte del cliente. Un entorno limpio, con útiles correctamente dispuestos y manipulados con delicadeza, mejora notablemente la experiencia estética.

La técnica manual es un componente clave en la ejecución correcta de la limpieza superficial y el desmaquillado. La profesional debe aplicar movimientos suaves, controlados y secuenciados, respetando la fisiología cutánea y la sensibilidad de cada zona. Este proceso no solo cumple una función higiénica, sino que también aporta bienestar, relajación y confianza al cliente desde el inicio del tratamiento.

El protocolo básico de desmaquillado se organiza en una secuencia lógica por zonas, que evita la dispersión del maquillaje y facilita una limpieza eficaz. Se comienza siempre por los ojos, se continúa por los labios y se finaliza con el rostro. Esto responde a una cuestión técnica: los ojos y labios suelen contener pigmentos más intensos, y limpiarlos al final podría arrastrar restos oscuros sobre otras zonas del rostro ya tratadas.

Al ejecutar la técnica, se recomienda seguir estas directrices:

- Para los **ojos**, aplicar el producto desmaquillante específico en un disco de algodón. Colocar suavemente sobre el párpado cerrado durante unos segundos, sin frotar, para permitir que el producto disuelva el maquillaje.

Luego, deslizar de arriba hacia abajo con delicadeza. Para las pestañas, limpiar desde la raíz hasta las puntas.

- En los **labios**, utilizar un disco diferente impregnado en desmaquillante bifásico o micelar. Se desliza del centro hacia las comisuras, sin movimientos circulares para evitar extender el pigmento.
- En el **rostro**, aplicar el producto limpiador con las manos o con una esponja, realizando movimientos ascendentes y circulares. Se inicia desde el centro del rostro hacia los laterales (frente, nariz, mejillas y mentón), sin olvidar el cuello y el escote si forman parte del tratamiento.

Fig. 6. Para retirar el producto, se emplean esponjas o discos humedecidos, siguiendo el mismo orden, y finalmente se aplica un tónico con disco de algodón para reequilibrar el pH de la piel

Ejemplo

En una sesión facial básica, la profesional empieza por desmaquillar los ojos con discos de algodón impregnados en producto bifásico. Luego limpia los labios con otro disco y aplica leche limpiadora en el rostro con movimientos circulares. Retira con esponjas tibias y finaliza con un tónico descongestivo. Todo el procedimiento se realiza sin prisa, con contacto suave y constante atención a la comodidad de la clienta.

La presión de los movimientos debe adaptarse a cada zona: muy suave en el contorno ocular y los labios, más firme en la frente, mentón o zonas con mayor acumulación de sebo. El ritmo debe ser fluido y sin interrupciones bruscas, manteniendo el contacto visual o verbal con el cliente para detectar cualquier molestia o reacción inesperada.

Una técnica inadecuada, como frotar los ojos o ejercer demasiada presión en zonas sensibles, puede generar enrojecimiento, microlesiones o incomodidad. Por ello, la práctica continuada y el dominio del gesto técnico son fundamentales en la estética profesional.

Finalmente, el protocolo no debe verse solo como un conjunto de pasos mecánicos, sino como una interacción profesional centrada en el bienestar del cliente, que marca el tono de toda la sesión estética. Una buena limpieza superficial transmite seguridad, profesionalidad y atención personalizada.

Resumen

La limpieza superficial es el primer paso fundamental en cualquier tratamiento estético, ya que permite eliminar residuos grasos, maquillaje, partículas de contaminación, sudor y otras impurezas acumuladas en la superficie cutánea. Su objetivo principal es higiénico y preparatorio: deja la piel en condiciones óptimas para recibir tratamientos posteriores, mejorando su eficacia y reduciendo el riesgo de alteraciones cutáneas. No actúa en profundidad ni pretende corregir desequilibrios, sino que se centra en mantener la piel limpia, fresca y receptiva.

La limpieza superficial y el desmaquillado requieren la selección adecuada de productos cosméticos específicos. Estos deben adaptarse al tipo de piel del cliente y a la zona del rostro o cuerpo a tratar. Los más utilizados incluyen la leche limpiadora, el gel limpiador, el agua micelar, los aceites desmaquillantes y los tónicos, además de productos bifásicos para ojos y labios. La elección dependerá de la textura del producto, la resistencia del maquillaje y la sensibilidad de la piel tratada. En todos los casos, es importante evitar fórmulas que puedan irritar, resecar o alterar el equilibrio cutáneo.

Junto a los productos, el uso correcto de útiles y materiales es clave en este procedimiento. Se emplean elementos como discos de algodón, esponjas estéticas, toallas faciales, espátulas, boles o guantes, todos ellos manipulados siguiendo criterios de higiene estrictos. Algunos son desechables, mientras que otros deben limpiarse y desinfectarse entre cliente y cliente. La organización y presentación de estos materiales también contribuye a crear una experiencia estética profesional y segura.

La técnica manual del desmaquillado y la limpieza superficial debe ejecutarse con precisión, siguiendo una secuencia lógica: primero los ojos, luego los labios y finalmente el rostro. Los movimientos deben ser suaves, sin fricciones ni presiones excesivas, adaptándose a cada zona del rostro. En los ojos, por ejemplo, se recomienda aplicar el producto y dejar actuar antes de retirar con cuidado; en el rostro, los movimientos serán circulares y ascendentes, retirando el producto con esponjas o discos. El proceso se completa con la aplicación de un tónico para equilibrar la piel.

En conjunto, esta unidad proporciona las bases técnicas e higiénicas necesarias para realizar una limpieza superficial efectiva, respetuosa con la piel y coherente con los estándares profesionales del sector estético.

Glosario

Desmaquillante bifásico

Producto cosmético formado por una fase oleosa y otra acuosa, especialmente formulado para eliminar maquillaje resistente, como el *waterproof*, en zonas sensibles como ojos y labios.

Discos de algodón

Útiles circulares, suaves y absorbentes, utilizados para aplicar o retirar productos líquidos como tónicos, aguas micelares o desmaquillantes.

Esponja estética

Utensilio reutilizable que permite retirar productos cosméticos del rostro con suavidad y eficacia. Debe ser higienizada tras cada uso.

Gel limpiador

Producto con base acuosa y textura espumosa, adecuado para pieles grasas o con impurezas. Se aclara con agua y limpia sin dejar residuos grasos.

Leche limpiadora

Emulsión fluida de base oleosa o mixta que elimina maquillaje y residuos grasos de la piel. Es apta para pieles normales, secas o sensibles.

Limpieza superficial

Procedimiento estético destinado a eliminar impurezas, sudor, secreciones y maquillaje de la superficie cutánea, preparando la piel para tratamientos posteriores.

Loción o agua micelar

Solución acuosa que contiene micelas, estructuras que capturan la suciedad y el sebo sin necesidad de aclarado. Se utiliza en todo tipo de pieles, incluidas las sensibles.

Paleta o espátula

Herramienta que permite extraer productos de envases sin contacto directo, preservando la higiene y evitando contaminaciones.

Protocolo de desmaquillado

Conjunto ordenado de pasos y técnicas que se aplican para realizar correctamente la limpieza del rostro, respetando la secuencia: ojos, labios, rostro.

Tónico facial

Producto líquido que se aplica tras la limpieza para tonificar, calmar y equilibrar el pH de la piel. Puede tener funciones astringentes, hidratantes o descongestivas.

Ejercicios de autoevaluación

1. ¿Cuál es la función principal de la limpieza superficial de la piel?

a. Eliminar impurezas y preparar la piel para el tratamiento.

b. Corregir alteraciones profundas de la dermis.

c. Sustituir la hidratación diaria.

d. Exfoliar la capa córnea.

2. ¿Qué producto se caracteriza por contener micelas que capturan la suciedad sin necesidad de aclarado?

a. Gel limpiador.

b. Agua micelar.

c. Leche limpiadora.

d. Tónico facial.

3. ¿En qué orden se realiza correctamente el desmaquillado profesional?

a. Rostro – labios – ojos.

b. Labios – rostro – ojos.

c. Ojos – labios – rostro.

d. Rostro – ojos – labios.

4. ¿Qué útil se utiliza habitualmente para aplicar un tónico facial?

a. Esponja.

b. Toalla facial.

c. Paleta.

d. Disco de algodón.

5. ¿Cuál de los siguientes productos es más adecuado para eliminar maquillaje *waterproof* en los ojos?

    a. Leche limpiadora.

    b. Agua micelar.

    c. Desmaquillante bifásico.

    d. Gel limpiador.

6. ¿Cuál de las siguientes afirmaciones es correcta sobre la limpieza superficial?

    a. Elimina residuos de maquillaje y sebo de la superficie.

    b. Actúa en profundidad sobre los poros.

    c. Sustituye a la limpieza profunda.

    d. No requiere conocimientos técnicos.

7. ¿Qué tipo de piel se beneficia más del uso de un gel limpiador espumoso?

    a. Piel seca.

    b. Piel sensible.

    c. Piel grasa.

    d. Piel envejecida.

8. ¿Qué producto se emplea habitualmente tras retirar el limpiador para equilibrar el pH de la piel?

    a. Agua micelar.

    b. Tónico facial.

    c. Leche limpiadora.

    d. Aceite desmaquillante.

9. ¿Cuál es el objetivo principal del uso de espátulas en estética?

    a. Aplicar tónico con mayor precisión.

    b. Aclarar productos sin contacto.

    c. Retirar maquillaje en zonas sensibles.

    d. Extraer productos de envases sin contaminarlos.

10. ¿Qué zona del rostro requiere movimientos especialmente suaves y controlados durante la limpieza?

    a. Mentón.

    b. Nariz.

    c. Contorno de ojos.

    d. Frente.

U. A. 3. La limpieza superficial y el desmaquillado de la piel. Técnicas de realización

U. A. 4. La limpieza profunda de la piel. Fase de tratamiento. Útiles y materiales empleados

Introducción

La limpieza profunda de la piel constituye una de las fases más importantes dentro de los tratamientos de higiene facial y corporal. Mientras que la limpieza superficial elimina impurezas visibles y restos de cosméticos, la limpieza profunda actúa en las capas más internas de la epidermis, favoreciendo la oxigenación, regeneración y preparación óptima del tejido cutáneo para posteriores tratamientos estéticos o terapéuticos.

Este procedimiento requiere una metodología rigurosa, tanto en la secuencia de pasos como en la selección de los productos, utensilios y aparatología adecuados a cada tipo de piel. Una correcta limpieza profunda permite eliminar comedones, células muertas y secreciones acumuladas, ayudando a restaurar el equilibrio del manto hidrolipídico y a mantener la salud cutánea.

En esta unidad se abordan los aspectos esenciales para realizar esta fase con seguridad y eficacia: desde el análisis previo de la piel y la preparación del entorno, hasta el uso profesional de materiales como espátulas, pinzas, vaporizadores y tórulas. Además, se resaltarán las precauciones higiénico-sanitarias, la ergonomía y la protección del cliente y del profesional durante el procedimiento.

Objetivos

- Describir la secuencia de pasos que componen la fase de tratamiento en la limpieza profunda de la piel, diferenciando cada una de sus acciones técnicas.
- Reconocer los útiles y materiales empleados en la limpieza profunda, indicando su función específica, condiciones de uso e higiene.
- Aplicar los procedimientos adecuados para realizar una limpieza profunda eficaz y segura, siguiendo criterios profesionales de higiene y protección.
- Relacionar el uso correcto de los materiales con la mejora de la eficacia del tratamiento, considerando aspectos como la textura, temperatura, tiempo de exposición o compatibilidad con el tipo de piel.

1. La limpieza profunda de la piel. Fase de tratamiento. Útiles y materiales empleados

La limpieza profunda constituye una intervención especializada dentro de los tratamientos estéticos de higiene. Su finalidad no es únicamente higienizar, sino actuar en capas más internas de la epidermis, eliminando secreciones acumuladas, células muertas y comedones que no se eliminan con una limpieza superficial.

Esta fase requiere una actuación metódica, controlada y adaptada al estado de la piel del cliente, a fin de optimizar los resultados sin generar agresiones ni desequilibrios. Se realiza, por norma general, tras una limpieza superficial previa y un análisis básico de la piel.

Importante

La limpieza profunda no debe realizarse con la misma frecuencia en todos los clientes. En pieles sensibles o con patologías dermatológicas, su aplicación puede estar contraindicada o limitarse a zonas concretas.

El objetivo principal de esta fase es restaurar las condiciones óptimas de la superficie cutánea, eliminar impurezas no visibles, y facilitar la penetración posterior de productos hidratantes, regenerantes o específicos.

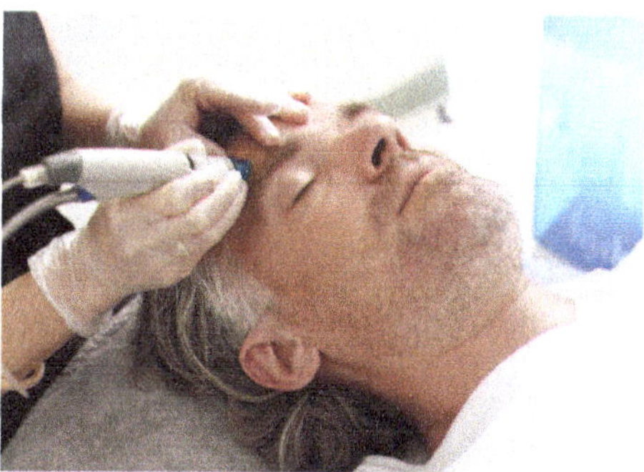

Fig. 1. La limpieza profunda de la piel es una técnica base para todo tratamiento posterior, mejorando su eficacia

Para lograr estos resultados, es imprescindible seguir una secuencia estructurada de etapas, que pueden variar ligeramente según el protocolo del centro, pero que habitualmente incluyen:

1. **Preparación de la piel mediante calor húmedo**: Se realiza mediante la aplicación de vapor de ozono o compresas calientes, con el fin de dilatar los poros, ablandar los residuos y facilitar la extracción posterior. Esta etapa es clave para evitar daño mecánico durante el proceso.

2. **Extracción manual o instrumental de comedones**: Se trata de una fase precisa y delicada. Puede implicar la aplicación de presión controlada con los dedos protegidos con tórulas o con el uso de extractores metálicos. Es fundamental extremar la higiene y no forzar la extracción para evitar lesiones dérmicas.

3. **Desinfección o antisepsia de la zona tratada**: Una vez realizada la extracción, se procede a limpiar la zona con productos antisépticos, generalmente sin alcohol, para calmar la piel y prevenir infecciones.

4. **Tonificación o reequilibrio del pH**: Mediante tónicos suaves, se ayuda a cerrar los poros, reequilibrar el pH cutáneo y restablecer la barrera natural de protección. Esta fase puede incluir ligeros masajes calmantes con productos específicos.

Fig. 2. Los tónicos equilibran el pH cutáneo, tonifican los tejidos y preparan la piel para absorber mejor los principios activos de los productos que se apliquen a continuación

5. **Finalización con mascarilla o producto reparador**: Como complemento, se puede aplicar una mascarilla descongestiva, calmante o cicatrizante. Esta fase es especialmente útil para reducir la inflamación post-extracción y favorecer la recuperación de la piel.

En un tratamiento de limpieza profunda en piel grasa con comedones, se inicia con vapor ozonizado durante 10 minutos, seguido de extracción con espátula y tórulas, aplicación de agua de hamamelis como antiséptico y finalización con mascarilla de arcilla blanca para calmar y absorber excesos.

En función del tipo de piel y sus necesidades, algunas de estas etapas pueden ajustarse.

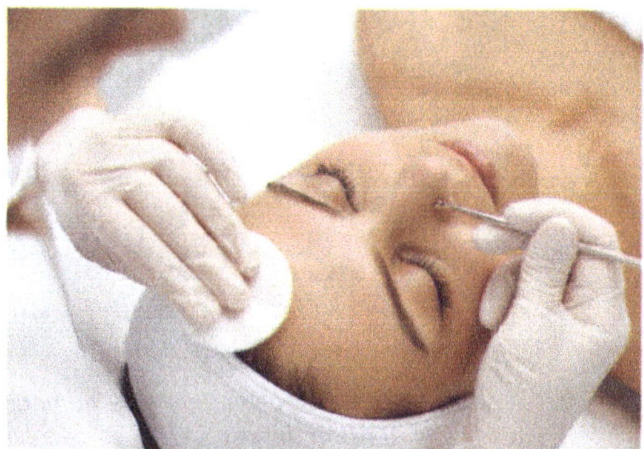

Fig. 3. En pieles sensibles, el vapor puede ser sustituido por compresas templadas, o la extracción puede limitarse a zonas concretas como nariz o barbilla

La profesionalidad en esta fase se demuestra no sólo en la técnica, sino también en **la capacidad de adaptación del procedimiento** y en el cuidado con que se manejan los materiales y el entorno higiénico.

La ejecución de una limpieza profunda eficaz requiere una secuencia técnica adecuada y la **selección y uso correcto de útiles y materiales específicos**. Estos elementos permiten actuar con precisión sobre la piel, garantizar la higiene durante el tratamiento y mejorar la comodidad tanto del cliente como del profesional.

Los materiales empleados en esta fase deben cumplir ciertos criterios de calidad, seguridad y funcionalidad. Algunos de ellos son de uso desechable o individual, mientras que otros requieren procesos rigurosos de desinfección tras cada uso.

Entre los útiles más empleados en los tratamientos de limpieza profunda pueden mencionarse los siguientes:

- **Tórulas y gasas**: Utilizadas para proteger los dedos durante la extracción manual, aplicar productos, realizar suaves presiones o absorber exceso de sebo.

Fig. 4. Las tórulas y gasas se escogen de algodón puro y se humedecen o enrollan en función del uso

- **Espátulas**: Sirven para **manipular productos cosméticos** sin contaminarlos, especialmente cremas o mascarillas. Pueden ser de acero inoxidable, plástico o silicona, según su función.

- **Pinzas cosméticas**: Empleadas con precaución para retirar comedones superficiales o cuerpos extraños visibles. Requieren una manipulación higiénica y precisa.

- **Extractor de comedones**: Instrumento metálico con extremo en forma de lazo. Permite la extracción mecánica controlada de puntos negros, siempre que se utilice con presión moderada y piel correctamente preparada.

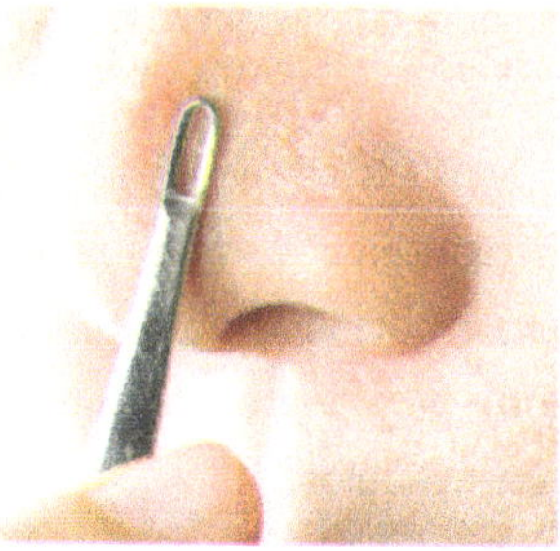

Fig. 5. El extractor de comedones es una herramienta metálica que permite eliminar puntos negros de forma controlada y aséptica, minimizando el daño a la piel y el riesgo de infección cuando se utiliza con la técnica adecuada

- **Compresas o paños calientes**: Usados para abrir poros antes de la extracción en sustitución o complemento del vapor. Deben mantenerse a una temperatura adecuada para evitar quemaduras.

- **Guantes desechables**: Su uso es obligatorio durante la fase de extracción o manipulación directa.

Fig. 6. Los guantes desechables aseguran una barrera higiénica y deben cambiarse si se contaminan durante el procedimiento

Todos los útiles reutilizables deben someterse a un proceso completo de limpieza, desinfección o esterilización, según la normativa vigente, tras cada uso. La desinfección deficiente puede provocar infecciones cruzadas o reacciones cutáneas.

Los materiales deben mantenerse organizados en una bandeja auxiliar de trabajo, protegidos de la contaminación ambiental. Además, el entorno debe contar con recipientes diferenciados para materiales limpios y usados, y disponer de productos antisépticos y toallas desechables.

A continuación, se muestra una tabla resumen con los útiles principales, su uso y recomendaciones:

Útil o material	Uso principal	Recomendaciones de higiene
Tórulas y gasas	Aplicación, protección y absorción	Desechables tras cada uso
Espátula	Extracción higiénica de productos	Lavar y desinfectar tras cada uso
Pinzas cosméticas	Extracción localizada	Esterilizar antes y después
Extractor de comedones	Extracción mecánica controlada	Esterilizar antes y después
Compresas o paños	Dilatar poros y preparar la piel	Lavar tras cada uso si son textiles
Guantes	Protección profesional y del cliente	Desechables

En un tratamiento donde se emplea una mascarilla de algas, se utiliza una espátula de silicona para extraer el producto del envase sin contaminarlo, y se aplica con una gasa húmeda en forma de vendaje para favorecer su penetración.

La familiaridad con estos materiales y su correcta manipulación es clave para una limpieza profunda efectiva, profesional y segura. Elegir el útil correcto mejora el resultado y reduce riesgos de daño cutáneo y transmite confianza al cliente.

Durante la limpieza profunda de la piel, no basta con contar con los materiales adecuados; es esencial manipularlos de forma segura, higiénica y profesional. Un uso incorrecto de los útiles puede causar molestias, reacciones adversas o incluso infecciones, comprometiendo la salud cutánea del cliente y la calidad del tratamiento. La manipulación de los materiales comienza antes del contacto con la piel, con una adecuada preparación del entorno y del profesional. Todos los instrumentos deben disponerse sobre una superficie limpia, organizada y protegida, preferiblemente sobre bandejas cubiertas con papel absorbente de un solo uso.

Antes de iniciar cualquier procedimiento, la profesional debe:

- Lavarse cuidadosamente las manos con agua y jabón antiséptico.
- Colocarse guantes de protección si va a realizar extracciones o manipulaciones directas.
- Verificar el estado de los materiales, descartando cualquier útil dañado, contaminado o sin esterilizar.
- Mantener el contacto visual y verbal con el cliente, informando de cada paso para reducir su tensión o sorpresa.

Anotación

El uso de guantes no exime del lavado de manos previo. Esta doble protección es fundamental en tratamientos con contacto directo sobre zonas abiertas o alteradas.

Durante la aplicación, es crucial respetar el orden y método para cada útil. Las espátulas no deben introducirse directamente en el envase del producto tras tocar la piel, las pinzas y extractores deben ser esterilizados entre uso y uso si se emplean sobre distintas zonas...

Fig. 7. Las gasas o tórulas deben desecharse tras su primera utilización, evitando su reutilización, aunque parezcan limpias

Además, es importante prestar atención a la presión ejercida durante la extracción. Una manipulación brusca o prolongada puede provocar:

- Hematomas o rotura de capilares.
- Inflamación localizada.
- Lesiones dérmicas o infecciones si hay heridas abiertas.

Por ello, debe aplicarse una presión controlada, simétrica y breve, siempre sobre piel previamente preparada con calor húmedo o vaporización. Si la extracción no se produce de forma natural, es preferible posponerla y tratar la zona con un producto descongestivo.

Ejemplo

Durante la extracción de comedones en la zona de la nariz, se emplean tórulas húmedas enrolladas sobre los dedos índice. La presión se aplica hacia el exterior, en dirección opuesta al canal sebáceo. Si no sale el contenido tras dos intentos, se desiste y se desinfecta la zona.

También debe tenerse en cuenta la ergonomía del profesional. Una postura inadecuada, prolongada o forzada puede provocar fatiga muscular, reduciendo la precisión y aumentando el riesgo de lesiones tanto para el cliente como para quien realiza el tratamiento.

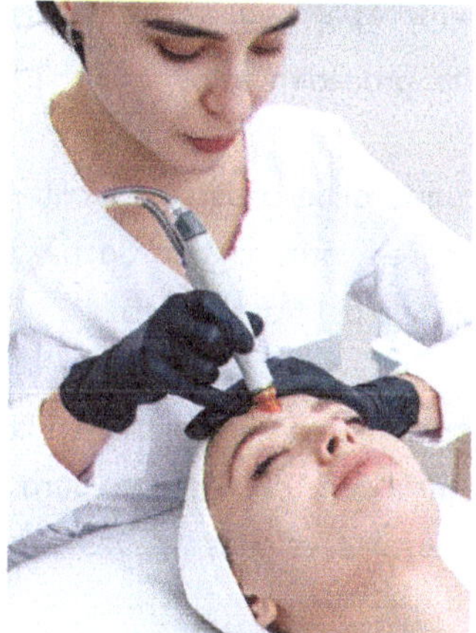

Fig. 8. Es recomendable mantener la espalda recta, apoyar ambos pies en el suelo y colocar la camilla a una altura que permita trabajar sin inclinar excesivamente el tronco

Por último, tras el uso, todos los materiales reutilizables deben someterse a un proceso completo de limpieza, desinfección o esterilización, siguiendo las indicaciones del fabricante y las normativas sanitarias vigentes.

A continuación, se resumen algunas pautas clave de manipulación segura:

- Nunca reutilizar materiales desechables.
- No tocar los productos cosméticos con los dedos desnudos.
- Desinfectar el instrumental entre zonas o clientes.
- Evitar la presión excesiva o prolongada.
- Asegurar buena iluminación y postura adecuada.
- Informar y observar al cliente durante todo el proceso.

El cumplimiento de estas medidas garantiza la seguridad y también refuerza la imagen profesional del centro y mejora la experiencia del cliente, contribuyendo a su fidelización.

El éxito de una limpieza profunda no depende únicamente de la habilidad técnica de la profesional, sino también de cómo se seleccionan, combinan y aplican los materiales empleados. El uso inadecuado o deficiente de los útiles puede comprometer el resultado final, mientras que una selección consciente y adaptada mejora significativamente la eficacia del procedimiento.

La elección del material adecuado debe basarse en criterios funcionales, higiénicos y adaptativos, atendiendo a factores como el tipo de piel, el grado de obstrucción, la sensibilidad del cliente o el objetivo del tratamiento.

Por ejemplo, la textura y forma de las tórulas influye en la precisión y comodidad de la extracción: una tórula bien enrollada, de algodón puro, humedecida ligeramente y adaptada al dedo, permite realizar presiones suaves y controladas, sin deslizarse ni lesionar.

Del mismo modo, el tiempo de aplicación del vapor o del paño caliente tiene un impacto directo en la apertura de los poros. Un tiempo insuficiente puede dificultar la extracción, mientras que un exceso puede causar vasodilatación no deseada o fatiga cutánea.

Ejemplo

En pieles resistentes con comedones adheridos, un vaporizador con ozono durante 10 minutos puede ser más eficaz que una toalla caliente aplicada durante 5 minutos, ya que combina calor y efecto germicida, facilitando la extracción y minimizando el riesgo de infección.

También es relevante el material del útil. Las espátulas de acero inoxidable ofrecen una gran resistencia y facilidad de desinfección, pero pueden resultar frías o duras al tacto, por lo que en ciertas fases (como la aplicación de mascarillas) se prefieren espátulas de silicona, más flexibles y suaves.

Además, el orden y combinación de los materiales afecta al resultado. Por ejemplo, aplicar un tónico antes de cerrar bien los poros puede impedir la correcta absorción del producto final.

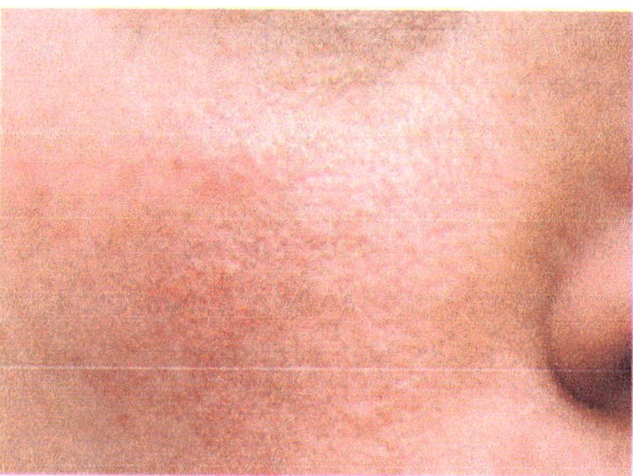

Fig. 9. Usar un producto antiséptico con alcohol tras una extracción puede resecar o irritar la piel

A continuación, se exponen algunos factores clave que vinculan el uso de materiales con la eficacia del tratamiento:

- **Compatibilidad con la piel**: Algunos materiales o productos pueden ser demasiado agresivos para pieles sensibles o reactivas. Elegir alternativas más suaves evita efectos contraproducentes.

- **Calidad del material**: Útiles deteriorados, contaminados o inadecuados disminuyen la precisión, aumentan el riesgo de lesiones y afectan negativamente al resultado estético.

- **Temperatura y humedad**: Aplicaciones con paños muy calientes o secos pueden causar quemaduras o irritación. La humedad debe estar controlada para suavizar sin saturar.

- **Secuencia lógica del procedimiento**: Alterar el orden (por ejemplo, aplicar un producto antes de limpiar adecuadamente la piel) reduce la efectividad y puede producir acumulación de residuos.

Anotación

Cada cliente requiere una adaptación específica. No hay un único protocolo universal; la observación constante y la toma de decisiones en tiempo real permiten optimizar el uso de los recursos técnicos.

Un tratamiento que ajusta de forma inteligente los materiales a las condiciones del momento logra una mayor penetración de los productos, una piel menos inflamada tras la limpieza y una experiencia más confortable para el cliente.

Por tanto, el conocimiento técnico sobre los materiales no debe limitarse a su identificación, sino que debe abarcar también su aplicación estratégica, evaluando constantemente su efecto sobre la piel y ajustando el procedimiento cuando sea necesario.

Resumen

La limpieza profunda de la piel representa una fase esencial dentro de los tratamientos de higiene facial y corporal, ya que permite actuar en las capas más internas de la epidermis para eliminar impurezas, secreciones, comedones y células muertas que no se eliminan mediante técnicas superficiales. Esta fase tiene como finalidad restaurar las condiciones óptimas de la piel, preparándola para recibir tratamientos posteriores y mejorar su respuesta a los productos aplicados.

El procedimiento se estructura en una secuencia de etapas que, en conjunto, aseguran la eficacia y seguridad del tratamiento. Primero se prepara la piel mediante calor húmedo, con vapor o paños calientes, para facilitar la apertura de los poros. A continuación, se realiza la extracción manual o instrumental de los comedones, respetando la integridad de la piel. Después se desinfecta la zona tratada, se aplica un tónico para restablecer el pH y finalmente se puede emplear una mascarilla calmante o regeneradora para concluir el proceso.

Los útiles y materiales utilizados en esta fase deben seleccionarse en función de su funcionalidad, compatibilidad con la piel y facilidad de higienización. Entre los elementos más empleados se encuentran las tórulas, gasas, espátulas, pinzas, extractores de comedones, compresas calientes y guantes desechables. Su correcto uso garantiza una intervención precisa y minimiza riesgos de contaminación, dolor o reacciones cutáneas.

Para asegurar la aplicación segura de estos materiales, es imprescindible mantener un entorno higiénico, manipular cada instrumento con cuidado, seguir un orden lógico en el procedimiento y adoptar posturas ergonómicas que eviten la fatiga y los errores. Los materiales desechables deben usarse una sola vez, y los reutilizables deben ser sometidos a desinfección o esterilización rigurosa después de cada uso.

Finalmente, la eficacia del tratamiento depende en gran medida de cómo se combinan y aplican estos recursos. Factores como la temperatura, la presión, el tiempo de exposición o la compatibilidad con el tipo de piel influyen directamente en los resultados. Un uso inteligente y adaptado de los materiales optimiza la limpieza y mejora la tolerancia de la piel, reduce la inflamación y proporciona una experiencia más profesional y satisfactoria para el cliente.

Glosario

Antiséptico

Sustancia que se aplica sobre la piel o superficies vivas con el objetivo de eliminar o inhibir el crecimiento de microorganismos. Se utiliza tras la extracción para prevenir infecciones.

Comedón

Obstrucción del poro cutáneo formada por sebo y células muertas. Puede ser abierto (punto negro) o cerrado (punto blanco). Es uno de los objetivos principales en la limpieza profunda.

Desinfección

Proceso mediante el cual se eliminan los microorganismos patógenos de los útiles reutilizables. Es obligatorio tras cada uso para garantizar la seguridad higiénica.

Espátula cosmética

Utensilio que permite extraer y aplicar productos cosméticos sin contaminarlos. Puede ser de acero, plástico o silicona, y debe limpiarse tras cada uso.

Extractor de comedones

Instrumento metálico que facilita la extracción mecánica de puntos negros mediante presión controlada. Su uso requiere técnica y esterilización adecuada.

Fase de tratamiento

Etapa central del procedimiento de limpieza profunda en la que se realiza la extracción de impurezas tras la preparación previa de la piel.

Mascarilla calmante

Producto aplicado al final del tratamiento para descongestionar, hidratar o regenerar la piel tras la extracción. Suele tener efectos antiinflamatorios y cicatrizantes.

Pinzas cosméticas

Útiles metálicos empleados con fines puntuales en la extracción superficial o para manipular elementos pequeños con precisión.

Tónicos

Soluciones ligeras utilizadas para reequilibrar el pH de la piel y tonificar después de la limpieza. También ayudan a cerrar los poros y calmar la piel.

Tórulas

Rulos pequeños de algodón, generalmente humedecidos, que se colocan sobre los dedos para proteger la piel durante la extracción manual.

Vapor de ozono

Técnica que combina vapor de agua caliente con ozono para abrir los poros, ablandar impurezas y ejercer un efecto germicida sobre la piel.

Ejercicios de autoevaluación

1. ¿Cuál es el objetivo principal de la fase de tratamiento en una limpieza profunda?

a. Eliminar impurezas profundas y preparar la piel para otros tratamientos.

b. Retirar el maquillaje decorativo.

c. Aplicar cosméticos nutritivos.

d. Realizar un diagnóstico de tipo de piel.

2. ¿Qué elemento se utiliza habitualmente para dilatar los poros antes de la extracción?

a. Mascarilla fría.

b. Vapor de ozono.

c. Agua micelar.

d. Tónico astringente.

3. ¿Cuál de los siguientes útiles se utiliza para proteger los dedos durante la extracción manual?

a. Espátula de silicona.

b. Compresa.

c. Tórula.

d. Pinza de depilar.

4. ¿Qué acción se realiza justo después de extraer los comedones?

a. Desinfectar la zona tratada.

b. Aplicar exfoliante.

c. Usar crema hidratante.

d. Aplicar maquillaje correctivo.

5. ¿Qué instrumento facilita la extracción mecánica de puntos negros mediante presión controlada?

a. Pincel cosmético.

b. Extractor de comedones.

c. Pinza curva.

d. Rodillo facial.

6. ¿Qué tipo de mascarilla se suele aplicar al finalizar la limpieza profunda?

a. Antibronceadora.

b. Calmante o descongestiva.

c. Exfoliante enzimática.

d. Mascarilla peel-off.

7. ¿Qué se debe hacer con una espátula reutilizable tras cada uso?

a. Desecharla.

b. Guardarla en su caja.

c. Limpiarla y desinfectarla correctamente.

d. Dejarla en remojo sin limpiar.

8. ¿Qué característica debe tener el tónico aplicado tras una extracción?

a. Alto contenido en alcohol.

b. Ácido y abrasivo.

c. Suave y reequilibrante.

d. Untuoso y oleoso.

9. ¿Qué consecuencia puede tener una presión excesiva durante la extracción?

    a. Aumento de la hidratación.

    b. Reducción del enrojecimiento.

    c. Rotura de capilares o inflamación.

    d. Disminución del sebo.

10.¿Cuál de las siguientes afirmaciones es correcta respecto a los guantes?

    a. Sustituyen el lavado de manos.

    b. Solo se usan en pieles acnéicas.

    c. Pueden reutilizarse si no están sucios.

    d. Se deben utilizar siempre en contacto directo con la piel.

U. A. 5. Preparación del cliente y realización de la ficha técnica

Introducción

En todo tratamiento estético, una correcta preparación del cliente es esencial para asegurar la eficacia, seguridad y calidad del servicio prestado. Esta fase inicial no se limita a aspectos físicos como la colocación del cliente o la limpieza previa, sino que incluye también una adecuada recogida de información, evaluación del estado de la piel y la elaboración de la ficha técnica individualizada, herramienta fundamental para el seguimiento y personalización del tratamiento.

La ficha técnica permite registrar los datos relevantes del cliente (características cutáneas, hábitos, tratamientos previos, contraindicaciones, evolución, etc.), facilitando así una atención profesional y responsable. Este procedimiento, además de cumplir una función organizativa, es también una medida preventiva y de calidad, ya que permite detectar incompatibilidades o riesgos y seleccionar de manera más adecuada los productos, técnicas y aparatos a emplear.

Por tanto, esta unidad aborda tanto las acciones de preparación física y comunicativa del cliente como los criterios para recoger, organizar y conservar la información técnica de forma segura y profesional.

Objetivos

- Aplicar correctamente los procedimientos de preparación del cliente previos a la realización de un tratamiento facial o corporal, garantizando la higiene, comodidad y adecuación postural.

- Establecer una comunicación efectiva con el cliente para recoger información relevante y generar un clima de confianza profesional.

- Cumplimentar la ficha técnica del cliente registrando datos personales, estado general de la piel, observaciones iniciales y objetivos del tratamiento.

- Organizar y conservar adecuadamente las fichas técnicas, siguiendo criterios de confidencialidad, trazabilidad y actualización periódica.

1. Preparación del cliente y realización de la ficha técnica

Antes de iniciar cualquier tratamiento estético, es imprescindible asegurar un entorno que garantice la higiene, el confort y la seguridad tanto del profesional como del cliente. Esta preparación abarca aspectos materiales, posturales y ambientales, y constituye la base para una intervención eficaz y profesional.

El primer aspecto a tener en cuenta es la adecuada higienización del espacio de trabajo. Las superficies deben estar desinfectadas, el material preparado y el equipamiento dispuesto para evitar desplazamientos innecesarios durante la sesión. Las camillas, por ejemplo, deben contar con protección desechable o lavable y cambiarse entre cada cliente.

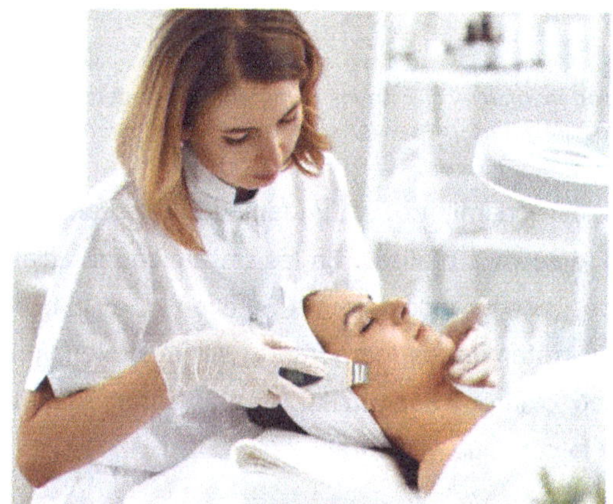

Fig. 1. El uso de guantes y manos correctamente lavadas por parte del profesional son imprescindibles

Una correcta higienización previa previene infecciones o contagios y transmite al cliente una sensación de profesionalidad y seguridad desde el primer momento.

Otro elemento importante es la preparación del cliente, que incluye acciones como invitarle a retirar collares, pendientes, relojes u otros objetos personales que puedan interferir con el tratamiento.

Fig. 2. Es necesario proporcionar al cliente los complementos adecuados (diademas, bandas, ropa desechable, etc.) para preservar su comodidad e higiene durante la sesión

En lo que respecta al posicionamiento, es fundamental adaptar la postura del cliente al tipo de tratamiento que se va a realizar. En los tratamientos faciales, se suele utilizar una camilla reclinada, asegurando que el cuello y la cabeza estén apoyados adecuadamente. Para tratamientos corporales, se recomienda alternar posiciones decúbito supino, prono o lateral, según la zona a tratar, siempre procurando una correcta alineación de la columna vertebral.

Ejemplo

En una limpieza facial, el cliente se coloca en decúbito supino, con una toalla bajo la nuca y una banda para recoger el cabello. En tratamientos corporales de espalda, se emplea el decúbito prono y se utilizan cojines bajo los tobillos para evitar tensión en la zona lumbar.

La preparación del espacio también debe contemplar elementos de ergonomía profesional. La altura de la camilla, el tipo de taburete, la iluminación o el orden de los materiales deben permitir que el profesional trabaje sin adoptar posturas forzadas, previniendo lesiones musculoesqueléticas.

Por último, se deben tener en cuenta las condiciones ambientales del entorno. La temperatura debe ser agradable (alrededor de 22-24 °C), evitando corrientes de aire o ruidos molestos. La iluminación debe permitir al profesional ver correctamente la piel sin generar incomodidad visual en el cliente. Es importante cuidar también la intimidad, separando los espacios con biombos o cortinas cuando sea necesario, especialmente en cabinas compartidas.

En conjunto, puede resumirse esta preparación inicial en los siguientes aspectos:

Aspecto a controlar	Acción recomendada
Limpieza del espacio	Desinfección de superficies y materiales antes y después de cada uso
Material de protección	Uso de bandas, ropa desechable, guantes, mascarilla
Posición del cliente	Adaptada al tipo de tratamiento y bien alineada para su comodidad
Postura del profesional	Ajuste ergonómico del puesto de trabajo para prevenir sobrecargas
Condiciones ambientales	Temperatura confortable, iluminación adecuada, control de ruidos e intimidad

 **Anotación**

El éxito del tratamiento no comienza con la aplicación de productos o técnicas, sino con una preparación consciente del espacio y del cliente, que optimiza los resultados y previene incidencias.

La relación entre el profesional de estética y el cliente no comienza con la aplicación de un producto, sino con la interacción verbal y no verbal que se establece desde el primer contacto. Una comunicación adecuada permite recoger información útil y generar un ambiente de confianza, respeto y seguridad, lo que influye positivamente en la experiencia del tratamiento.

Fig. 3. Uno de los primeros pasos es la acogida del cliente, momento clave en el que deben transmitirse amabilidad, atención y profesionalidad

El lenguaje debe ser claro, cortés y cercano, evitando tecnicismos innecesarios o comentarios inapropiados. Además, el tono de voz, la expresión facial y la postura corporal deben reforzar el mensaje verbal, favoreciendo un entorno tranquilo y respetuoso.

Al recibir al cliente, es recomendable preguntarle si es su primera vez, ofrecerle agua, explicarle brevemente en qué va a consistir la sesión y resolver sus posibles dudas. Esto favorece una actitud positiva y colaborativa.

Durante esta fase inicial, es necesario establecer un diálogo estructurado para recoger información útil sin invadir la intimidad del cliente. Algunas preguntas clave pueden girar en torno a su estado de salud general, rutinas de cuidado facial o corporal, tratamientos previos, reacciones adversas o alergias conocidas.

En lugar de enumerar una lista rígida, conviene considerar que las preguntas deben cumplir con ciertas funciones:

- Detectar posibles contraindicaciones o limitaciones en el tratamiento.
- Conocer hábitos de cuidado que puedan interferir o complementar el procedimiento.

- Entender las expectativas del cliente respecto a los resultados esperados.

Importante

Toda la información obtenida durante esta fase debe tratarse con absoluta confidencialidad, evitando comentarios con otros clientes o personal no autorizado.

Además de las preguntas, es clave practicar la escucha activa, que implica prestar atención a las palabras del cliente, a sus gestos, pausas y emociones. Esto permite detectar inseguridades, incomodidades o necesidades no expresadas directamente. Mostrar interés auténtico, resumir lo que ha dicho el cliente o validar sus preocupaciones son formas efectivas de mejorar esta escucha.

La empatía profesional es otro pilar esencial. El objetivo no es establecer una relación personal, sino mostrar comprensión y respeto sin juzgar, adaptándose al perfil de cada cliente. Esto incluye saber cómo actuar ante personas reservadas, comunicativas, nerviosas o con inseguridades sobre su imagen.

Por último, una comunicación eficaz incluye también la explicación clara del procedimiento antes de su inicio.

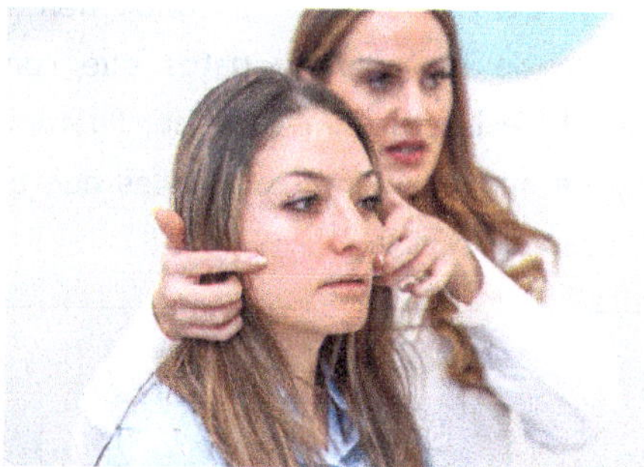

Fig.4. El cliente debe entender qué se le va a hacer, con qué productos y durante cuánto tiempo.

Esta información refuerza su sensación de control y permite obtener su consentimiento informado.

A continuación, se resume el proceso comunicativo inicial en fases prácticas:

Fase de la comunicación	Finalidad principal
Acogida cordial	Generar un ambiente de confianza
Preguntas dirigidas	Obtener información relevante para personalizar el tratamiento
Escucha activa y observación	Detectar necesidades implícitas y responder con empatía
Explicación del tratamiento	Informar al cliente, resolver dudas y obtener su conformidad

Anotación

Una buena comunicación mejora la calidad del servicio e incrementa la fidelización del cliente y previene malentendidos.

La ficha técnica del cliente es una herramienta fundamental en los tratamientos estéticos, ya que permite registrar y conservar toda la información relevante para la correcta ejecución, seguimiento y adaptación de los servicios prestados. Su correcta elaboración garantiza la personalización del tratamiento y también la seguridad, la trazabilidad y el control de calidad del proceso.

Este documento debe ser cumplimentado preferiblemente antes del primer tratamiento, en un momento de recogida de datos que combine la observación profesional con la entrevista. La estructura puede variar ligeramente según el centro, pero suele incluir una serie de apartados imprescindibles que permiten una atención integral sin invadir la privacidad del cliente.

Entre los datos más habituales que se recogen se encuentran:

- **Datos personales de identificación**: nombre, fecha de nacimiento, teléfono de contacto, fecha de la primera visita.
- **Datos relevantes de salud**: alergias, medicación, enfermedades dermatológicas o tratamientos médicos recientes que puedan interferir con el tratamiento estético.
- **Observaciones iniciales del profesional**: estado general de la piel, zonas sensibles, características visuales observadas (sin realizar diagnóstico).
- **Objetivos del tratamiento**: preferencias del cliente, motivaciones estéticas y posibles contraindicaciones detectadas.
- **Firma del cliente**: en caso de que se recoja consentimiento informado o se informe sobre el uso de los datos, según legislación vigente.

 **Anotación**

Aunque no se realiza un diagnóstico médico, la ficha técnica permite identificar señales o condiciones que orienten la selección de técnicas y productos, así como detectar si se debe recomendar la consulta con un especialista.

Este documento no solo sirve para esa primera sesión, sino que debe actualizarse tras cada intervención, incluyendo observaciones del profesional sobre la evolución de la piel, la tolerancia a los productos o la eficacia de las técnicas aplicadas. Esto permite tomar decisiones informadas en futuras sesiones y realizar una evaluación progresiva del tratamiento.

A continuación, se presenta un modelo simplificado de estructura de ficha técnica que puede adaptarse a los procedimientos del curso:

Sección de la ficha	Contenido orientativo
Datos personales	Nombre, edad, contacto, fecha de la primera visita
Historial estético/sanitario	Alergias, medicación, tratamientos previos, hábitos de cuidado
Observaciones iniciales	Estado visual de la piel, zonas sensibles, impresiones generales
Objetivos del tratamiento	Motivación del cliente, zonas de interés, resultados esperados
Tratamiento aplicado	Técnicas utilizadas, productos y aparatología empleados (por sesión)
Evolución y seguimiento	Cambios observados, recomendaciones posteriores, grado de satisfacción

Un cliente nuevo refiere piel sensible y enrojecimiento ocasional. En la ficha se registra que no toma medicación, no tiene alergias conocidas y desea un tratamiento hidratante y calmante. En sesiones posteriores, se anota que tolera bien los productos seleccionados y que ha mejorado la textura de la piel.

Además de su contenido, la ficha técnica debe conservarse de forma que se garantice la confidencialidad del cliente, evitando accesos no autorizados, tanto si se utiliza en formato papel como digital.

A continuación, se expone una plantilla de ejemplo de una ficha técnica del cliente. El primer bloque de esta debe recoger los datos personales y el historial estético-sanitario del cliente, permitiendo al profesional identificar posibles contraindicaciones y personalizar el tratamiento desde el inicio:

FICHA TÉCNICA DE CLIENTE

DATOS PERSONALES

- Nombre completo: ....
- Fecha de nacimiento: ..../.............../..........
- Teléfono de contacto: ....
- Fecha de la primera visita: ..../.............../..........
- Profesional responsable: ....

ANTECEDENTES ESTÉTICOS Y SANITARIOS

- Alergias conocidas:
  ....
- Medicación actual:
  ....
- Tratamientos médicos recientes:
  ....
- Tratamientos estéticos previos:
  ....
- Hábitos de cuidado (cosmética habitual, higiene, protección solar, etc.):
  ....

OBSERVACIONES INICIALES DEL PROFESIONAL

- Tipo de piel observado: ☐ Normal ☐ Atípica ☐ Grasa ☐ Mixta ☐ Sensible
- Estado visual de la piel:
  ....
- Zonas sensibles o reactivas:
  ....
- Otras observaciones relevantes:
  ....

Por su parte, la segunda parte de la ficha facilita el registro detallado de cada sesión, el seguimiento de la evolución cutánea y la valoración de resultados, garantizando la trazabilidad, el consentimiento informado y la calidad del servicio:

OBJETIVOS DEL TRATAMIENTO

- Preferencias del cliente:
  ....

- Áreas a tratar:
  ....

- Resultados esperados:
  ....

- Posibles contraindicaciones detectadas:
  ....

DESCRIPCIÓN DEL TRATAMIENTO APLICADO
(Rellenar tras cada sesión)

Fecha	Técnicas aplicadas	Productos utilizados	Aparatología empleada	Observaciones

EVOLUCIÓN Y SEGUIMIENTO

- Cambios observados en la piel:
  ....

- Recomendaciones posteriores:
  ....

- Satisfacción del cliente: ☐ Baja ☐ Media ☐ Alta

- Próxima cita (fecha estimada): ..../.........../..........

CONSENTIMIENTO Y FIRMA

El cliente declara que ha sido informado/a del tratamiento a realizar, sus beneficios, limitaciones y posibles reacciones. Asimismo, autoriza el registro de sus datos según la legislación vigente en materia de protección de datos personales.

Firma del cliente: _______________________________

Firma del profesional: _______________________________

Resumen

La correcta preparación del cliente antes de iniciar un tratamiento estético es un requisito fundamental para garantizar tanto la eficacia como la seguridad del procedimiento. Esta preparación implica disponer de un espacio higiénico, ergonómico y cómodo, así como asegurarse de que el cliente se encuentre en una postura adecuada según el tipo de tratamiento, ya sea facial o corporal. También deben extremarse las medidas de higiene profesional, utilizando material desinfectado y elementos desechables o lavables, y manteniendo una climatización e iluminación apropiadas.

Junto a la preparación física, la comunicación desempeña un papel esencial. Desde el primer contacto, el profesional debe crear un clima de confianza mediante un lenguaje claro, una actitud cordial y una escucha activa. Durante esta fase inicial, se recoge información útil del cliente mediante un breve diálogo estructurado, evitando preguntas invasivas, pero identificando posibles contraindicaciones, antecedentes relevantes o expectativas respecto al tratamiento. Esta interacción debe desarrollarse con empatía y profesionalismo, favoreciendo una experiencia satisfactoria.

La recogida formal de información se concreta en la cumplimentación de la ficha técnica. Este documento permite registrar datos personales, estado general de la piel, antecedentes estéticos o sanitarios y objetivos del tratamiento. Aunque no sustituye un diagnóstico médico, sí sirve para personalizar adecuadamente los procedimientos y realizar un seguimiento de la evolución del cliente. Su correcta redacción y actualización después de cada sesión facilita la trazabilidad y mejora la calidad del servicio.

Finalmente, la gestión de las fichas técnicas requiere atención a la organización, conservación y confidencialidad. Ya sea en formato físico o digital, deben almacenarse de forma segura, estar disponibles para futuras consultas y respetar la normativa sobre protección de datos. La actualización periódica de estos registros permite valorar la evolución del tratamiento, adaptar las técnicas empleadas y ofrecer un servicio más preciso y profesional.

Glosario

Acondicionamiento del espacio

Preparación del entorno de trabajo para asegurar condiciones óptimas de higiene, temperatura, iluminación e intimidad durante el tratamiento.

Contraindicación

Situación o condición del cliente que desaconseja total o parcialmente la realización de un tratamiento estético determinado.

Decúbito

Posición del cuerpo tumbado sobre una superficie. Puede ser supino (boca arriba), prono (boca abajo) o lateral (de lado), y se adapta según el tratamiento.

Ergonomía

Conjunto de principios aplicados al diseño del entorno de trabajo para mejorar la comodidad, eficiencia y prevención de lesiones del profesional.

Escucha activa

Técnica de comunicación que implica prestar atención plena al cliente, no solo a lo que dice, sino también a su lenguaje corporal y tono emocional.

Ficha técnica

Documento individual donde se registran los datos personales, observaciones estéticas y evolución del tratamiento de cada cliente.

Higienización

Proceso de limpieza y desinfección del material, superficies y manos para prevenir infecciones y garantizar la seguridad del tratamiento.

Intimidad

Derecho del cliente a recibir el tratamiento en un entorno respetuoso, sin exposición innecesaria, y con las medidas adecuadas de privacidad.

Observación profesional

Valoración visual y táctil realizada por el profesional para identificar características cutáneas sin realizar un diagnóstico médico.

Ejercicios de autoevaluación

1. ¿Qué debe hacerse antes de colocar a un cliente en la camilla para un tratamiento facial?

a. Aplicar un exfoliante previo.

b. Realizar un masaje de bienvenida.

c. Seleccionar la música ambiental.

d. Limpiar y desinfectar el área de trabajo.

2. ¿Cuál de los siguientes elementos favorece la ergonomía del profesional?

a. Taburete regulable en altura.

b. Camilla con respaldo fijo.

c. Luz tenue y lejana.

d. Trabajo de pie en todo momento.

3. ¿Por qué es importante explicar al cliente el procedimiento antes de comenzar?

a. Para justificar el precio del tratamiento.

b. Para obtener su consentimiento y generar confianza.

c. Para evitar que haga preguntas después.

d. Para agilizar el tiempo total de la sesión.

4. ¿Qué dato no suele incluirse en una ficha técnica?

a. Diagnóstico médico oficial.

b. Fecha de la primera visita.

c. Observaciones sobre la piel.

d. Objetivos del tratamiento.

5. ¿Cuál es la postura más habitual del cliente para un tratamiento facial?

    a. Decúbito prono.

    b. Decúbito supino.

    c. Sentado con la espalda recta.

    d. De lado con cojines laterales.

6. En una primera sesión, ¿cuándo debe recogerse la información para la ficha técnica?

    a. Durante la aplicación de mascarilla.

    b. Al finalizar el tratamiento.

    c. Antes de comenzar el tratamiento.

    d. Solo si el cliente lo solicita.

7. ¿Qué apartado de la ficha técnica recoge la percepción visual del estado de la piel?

    a. Datos personales.

    b. Observaciones iniciales.

    c. Seguimiento.

    d. Tratamiento aplicado.

8. ¿Qué actitud es clave durante la comunicación inicial con el cliente?

    a. Curiosidad personal.

    b. Escucha activa y profesionalismo.

    c. Brevedad y silencio.

    d. Uso de tecnicismos y lenguaje comercial.

9. ¿Qué elemento mejora la comodidad del cliente durante un tratamiento corporal en decúbito prono?

a. Cojín bajo los tobillos.

b. Mascarilla humectante.

c. Música relajante.

d. Guantes fríos.

10.¿Qué se debe evitar al tratar la información de la ficha técnica?

a. Su uso para planificar tratamientos.

b. Su archivo ordenado.

c. Su revisión periódica.

d. Su divulgación sin consentimiento.

U. A. 6. Criterios de selección y aplicación de la cosmetología específica

Introducción

El uso de cosméticos adecuados es fundamental para garantizar la eficacia de los tratamientos de higiene e hidratación de la piel, tanto en el rostro como en el cuerpo. No basta con aplicar productos al azar: es imprescindible conocer la composición, función y aplicación correcta de cada cosmético en función del tipo de piel, estado cutáneo, zona anatómica y objetivos del tratamiento.

Esta unidad profundiza en los criterios técnicos y profesionales que deben guiar la selección de cosméticos específicos en los protocolos de limpieza e hidratación. Se abordan aspectos como las familias cosméticas más utilizadas, los principios activos más relevantes y la adecuación de productos a distintos tipos de piel, así como las condiciones de conservación y manipulación para preservar su eficacia y seguridad.

Objetivos

- Identificar las principales categorías de productos cosméticos empleados en los tratamientos faciales y corporales de higiene e hidratación.
- Establecer criterios profesionales para seleccionar cosméticos en función del tipo de piel y del objetivo del tratamiento.
- Aplicar correctamente los cosméticos, siguiendo las recomendaciones técnicas de manipulación, conservación y dosificación.
- Valorar la adecuación entre producto, técnica y necesidad cutánea, asegurando la coherencia y efectividad del tratamiento.

1. Criterios de selección y aplicación de la cosmetología específica

Los productos cosméticos utilizados en tratamientos de higiene e hidratación de la piel no se eligen al azar, sino que responden a una clasificación técnica según su función principal en el tratamiento.

Fig. 1. Cada producto actúa en una fase determinada del protocolo y cumple un objetivo específico en la preparación, restauración o mantenimiento del equilibrio cutáneo

Entre los grupos funcionales más habituales se encuentran aquellos orientados a la limpieza, tonificación, hidratación, nutrición y protección de la piel. Esta clasificación permite al profesional seleccionar los productos adecuados para cada fase del tratamiento y tipo de piel, evitando combinaciones inadecuadas o el uso innecesario de cosméticos.

Los principales tipos de productos cosméticos según su función son los siguientes:

- Se utilizan limpiadores o desmaquillantes para eliminar residuos grasos, impurezas, maquillaje y restos ambientales de la superficie cutánea. Pueden presentarse en forma de leche, gel, aceite, mousse o agua micelar. Su elección depende del tipo de piel y del producto a retirar.

- Tras la limpieza, se emplean lociones o tónicos con el objetivo de restablecer el pH cutáneo, cerrar poros y preparar la piel para los productos posteriores.

Suelen estar formulados con ingredientes calmantes, astringentes, hidratantes o equilibrantes.

- Los exfoliantes o productos de peeling ayudan a eliminar células muertas, suavizar la textura y favorecer la penetración de activos. Pueden ser físicos (gránulos), químicos (**AHA, BHA**) o enzimáticos, y su uso debe ser puntual y adaptado a la sensibilidad de la piel.

- En la fase de tratamiento, se aplican hidratantes, emolientes o nutritivos, destinados a mantener la integridad de la barrera hidrolipídica y aportar agua o lípidos según las necesidades del tejido cutáneo. Estas fórmulas pueden incorporar principios activos como ácido hialurónico, ceramidas, glicerina, urea, mantecas vegetales, entre otros.

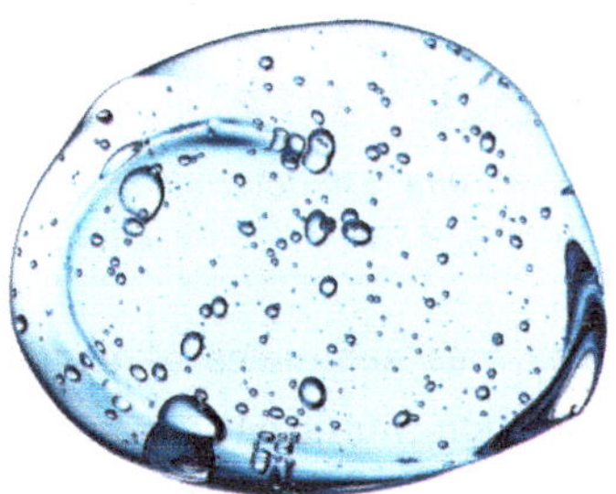

Fig. 2. Los cosméticos en formato gel, como los hidratantes con ácido hialurónico o glicerina, ofrecen una textura fresca y ligera, ideal para pieles que necesitan hidratación sin aportar grasa

- En algunos tratamientos específicos, se añaden productos seborreguladores, calmantes o reafirmantes, según el estado de la piel. Estos cosméticos actúan sobre alteraciones concretas, como el exceso de sebo, la sensibilidad o la pérdida de firmeza.

- Finalmente, para proteger la piel tratada, se utilizan productos de barrera o protectores solares, que ayudan a mantener los efectos del tratamiento y evitan daños por radiación **UV** o contaminación.

Aunque algunos cosméticos pueden cumplir varias funciones a la vez, el profesional debe identificar cuál es su acción principal en el protocolo para integrarlo de manera lógica y efectiva.

En un tratamiento para piel sensible con deshidratación, se puede emplear:

- Agua micelar como limpiador suave sin aclarado.
- Tónico calmante con extracto de manzanilla.
- Sérum hidratante con ácido hialurónico.
- Crema emoliente con manteca de karité.
- Protector solar mineral con filtros físicos.

Además de su función, el **vehículo cosmético** (textura y forma de presentación) también influye en la elección. Las emulsiones ligeras, geles y sérums suelen usarse en pieles grasas o jóvenes, mientras que las cremas densas y bálsamos se reservan para pieles secas o maduras.

Función cosmética	Ejemplos de productos	Principios activos frecuentes
Limpieza superficial	Leche, gel, aceite, agua micelar	Tensioactivos suaves, aceites vegetales
Tonificación	Lociones, hidrolatos	Agua de rosas, hamamelis, alantoína
Exfoliación	*Scrubs*, *peelings* químicos	Ácido glicólico, salicílico, enzimas
Hidratación	Cremas, sérums, fluidos	Ácido hialurónico, glicerina, urea
Nutrición / Emoliencia	Bálsamos, aceites, cremas ricas	Manteca de karité, ceramidas, omega 3-6-9
Tratamientos específicos	Mascarillas, sérums intensivos	Niacinamida, retinol, centella asiática
Protección final	Cremas barrera, solares	Óxido de zinc, dióxido de titanio, filtros químicos

Fig. 3. La manteca de karité es un emoliente natural rico en ácidos grasos y vitaminas A, D, y E, que nutre en profundidad, protege frente a agresiones externas y mejora la elasticidad de la piel

 **Anotación**

No todos los productos del mercado con reclamos cosméticos están respaldados por estudios rigurosos. Es fundamental que el/la profesional valore el INCI (listado de ingredientes) y confíe en laboratorios con formulaciones bien fundamentadas.

Este conocimiento funcional de los cosméticos permite planificar de manera racional la secuencia de productos, evitando sobrecargar la piel o provocar reacciones indeseadas por acumulación de activos.

Una selección adecuada de los productos cosméticos es esencial para alcanzar los objetivos del tratamiento sin alterar el equilibrio natural de la piel. Esta elección no debe guiarse únicamente por las preferencias del cliente ni por modas pasajeras, sino por criterios técnicos y profesionales que consideren las características fisiológicas del tejido cutáneo, su estado en el momento del tratamiento y los resultados esperados.

Para seleccionar correctamente un producto cosmético, deben valorarse de forma conjunta varios factores determinantes.

En primer lugar, es imprescindible conocer el **tipo de piel** del cliente. Esta clasificación básica (normal, alípica (seca), grasa, mixta, acnéica, deshidratada, sensible o envejecida) influye directamente en la tolerancia y eficacia de los ingredientes activos.

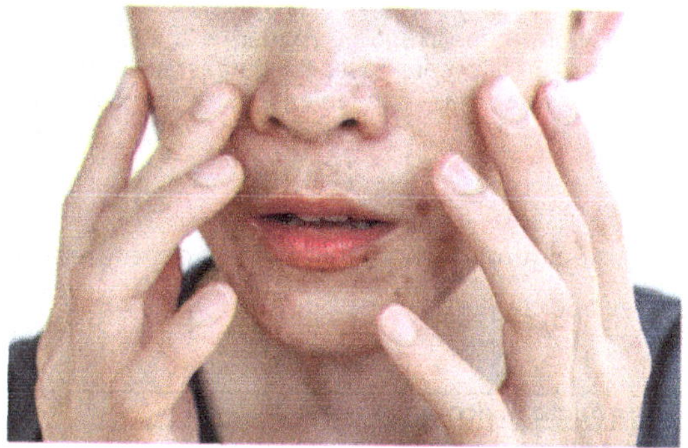

Fig. 4. Una piel grasa necesita fórmulas seborreguladoras no comedogénicas, mientras que una piel seca requerirá componentes emolientes y ricos en lípidos

Anotación

La deshidratación no es un tipo de piel, sino un estado transitorio que puede afectar tanto a pieles grasas como secas. Por tanto, puede requerir hidratación específica incluso en pieles con exceso de sebo.

En segundo lugar, debe definirse con claridad el objetivo del tratamiento: ¿Se pretende limpiar en profundidad? ¿Reducir rojeces? ¿Rehidratar? ¿Preparar la piel para otro procedimiento estético? La coherencia entre el objetivo y el producto es clave para obtener buenos resultados. Un cosmético puede ser excelente en sí mismo, pero no adecuado para una necesidad concreta.

Además, se han de valorar otros **factores contextuales** como la edad del cliente, la estación del año, la frecuencia del tratamiento, la zona anatómica a tratar (rostro, escote, espalda, piernas…) y la existencia de contraindicaciones o sensibilidades.

Ejemplo

Una piel joven y grasa que se trata en verano no requerirá la misma crema hidratante que una piel madura y seca en invierno. En el primer caso, puede bastar un gel fluido no graso con ácido hialurónico; en el segundo, será más conveniente una emulsión rica con ceramidas y antioxidantes.

La siguiente tabla ilustra algunas recomendaciones generales para la selección de productos en función del tipo de piel:

Tipo de piel	Productos recomendados	Evitar
Grasa	Geles limpiadores, tónicos astringentes, sérums ligeros	Cremas densas, aceites minerales
Seca	Leches limpiadoras, cremas nutritivas, bálsamos	Alcoholes, exfoliaciones agresivas
Sensible	Productos sin perfume, fórmulas calmantes (alantoína, bisabolol)	Ácidos fuertes, conservantes irritantes
Acnéica	Geles con ácido salicílico, mascarillas purificantes	Comedogénicos, aceites pesados
Deshidratada	Sérums con ácido hialurónico, cremas humectantes	Productos matificantes o muy detergentes
Envejecida	Cremas ricas con antioxidantes, sérums reafirmantes	Texturas secas, productos exfoliantes abrasivos

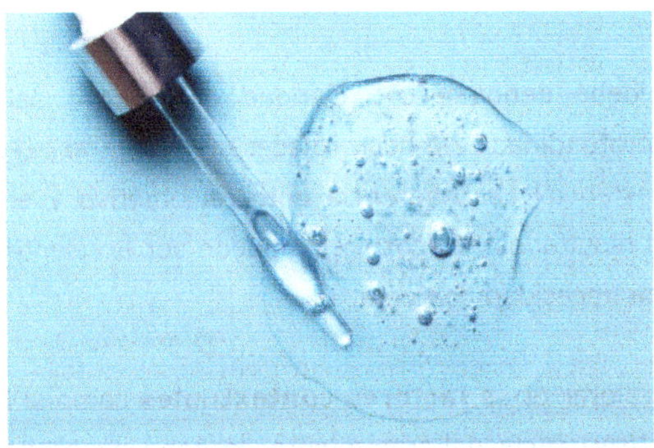

Fig. 5. El ácido hialurónico es una molécula natural presente en nuestra piel, capaz de retener grandes cantidades de agua (hasta 1.000 veces su peso), lo que lo convierte en un activo humectante por excelencia

Anotación

La cosmética profesional no debe dejarse influir por los reclamos comerciales, sino por la evidencia técnica y la experiencia clínica. La ficha técnica del producto es una herramienta esencial para valorar su composición y usos recomendados.

Los productos cosméticos, al igual que otros productos con principios activos, requieren ciertas condiciones de uso, higiene y conservación para que mantengan su eficacia y no representen un riesgo para la piel del cliente. La responsabilidad del profesional no se limita a aplicarlos correctamente, sino que también incluye preservar su integridad, evitar contaminaciones cruzadas y asegurar que se aprovechen en condiciones óptimas.

Para una correcta manipulación, se deben seguir normas básicas de higiene profesional.

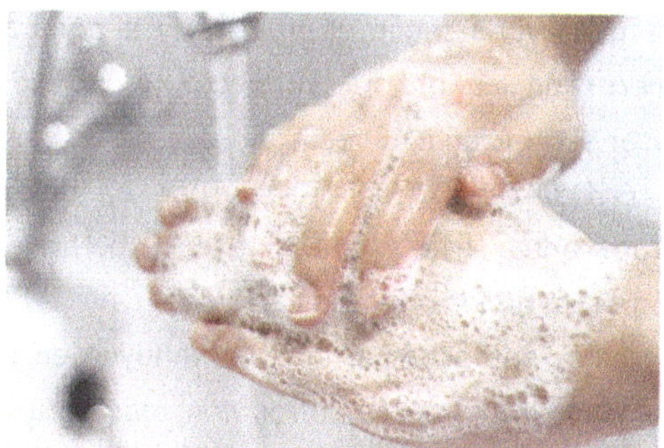

Fig. 6. Es imprescindible lavarse las manos antes de cada aplicación y utilizar espátulas, pinceles, discos de algodón, guantes o utensilios específicos para evitar el contacto directo con los envases

También debe evitarse introducir los dedos directamente en botes o tarros, ya que esto puede alterar la fórmula, contaminarla o acelerar su deterioro.

Anotación

Los productos cosméticos en cabina deben dispensarse siempre con utensilios higiénicos. Las fórmulas alteradas pueden provocar reacciones cutáneas o perder su eficacia sin que ello sea visible a simple vista.

Respecto a la conservación, es fundamental respetar las condiciones indicadas por el fabricante. La mayoría de los cosméticos deben almacenarse en lugares frescos, secos y protegidos de la luz directa, especialmente aquellos que contienen activos inestables como la vitamina C, el retinol o algunos aceites esenciales. También se debe controlar la fecha de caducidad y el PAO (Periodo Después de la Apertura), indicado con un símbolo de tarro abierto y un número de meses (por ejemplo, 6M o 12M).

En cuanto a la aplicación, el profesional debe conocer y respetar las siguientes variables:

- La cantidad adecuada varía según el producto y la zona a tratar. Aplicar más producto del necesario no mejora el efecto, e incluso puede dificultar la absorción o causar saturación cutánea.
- La secuencia correcta en la aplicación (por ejemplo, tónico antes que hidratante, sérum antes que crema) debe respetarse para garantizar la penetración progresiva de los principios activos.
- La dirección y técnica de aplicación también influyen en el resultado: algunos cosméticos se aplican con presión, otros con masaje ascendente, y algunos deben evitar el contorno ocular.
- El tiempo de exposición o actuación debe ajustarse a las indicaciones técnicas del fabricante, especialmente en mascarillas, exfoliantes y productos específicos. Superar estos tiempos no mejora la eficacia y puede producir irritación.

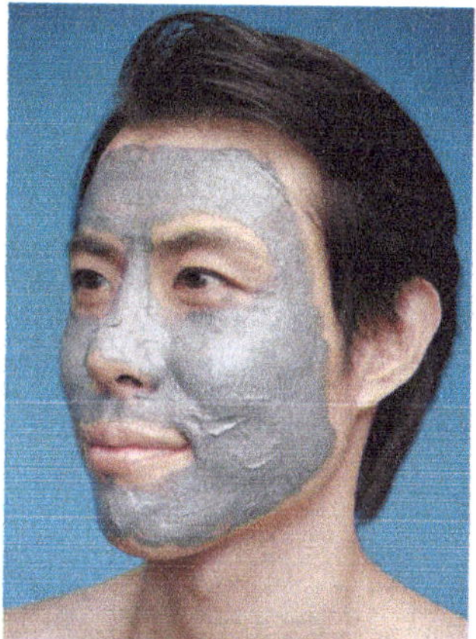

Fig. 7. Las mascarillas exfoliantes son tratamientos cosméticos diseñados para eliminar células muertas, impurezas y residuos acumulados en la capa superficial de la piel

Ejemplo

Un sérum hidratante con ácido hialurónico debe aplicarse en poca cantidad sobre la piel ligeramente húmeda, antes de la crema final. Si se aplica sobre piel seca o con exceso de producto, puede producir sensación de tirantez o interferir en la absorción.

A continuación, se resumen algunos aspectos clave a tener en cuenta:

Elemento técnico	Recomendación profesional
Higiene en cabina	Uso de espátulas, pinceles o dosificadores. Evitar el contacto directo.
Almacenamiento	Lugar fresco, seco, sin luz directa. Cierre hermético.
Revisión de caducidad	Comprobar fecha y PAO. Descartar productos alterados o vencidos.
Secuencia de aplicación	De menor a mayor densidad. Tónico → sérum → crema.
Técnica de aplicación	Según el producto: presión, fricción suave, masaje, etc.
Cantidad de uso	Adaptada a la zona. No exceder dosis recomendadas.

Anotación

La aplicación profesional también incluye saber cuándo no aplicar un producto. Ante signos de irritación, hipersensibilidad o alteraciones cutáneas no identificadas, debe suspenderse su uso y derivar, si procede, a personal médico.

La calidad de un tratamiento no depende únicamente del cosmético elegido, sino de cómo se conserva y aplica.

Fig. 8. Un producto mal almacenado o aplicado de forma incorrecta pierde sus propiedades, afecta a la experiencia del cliente y puede dañar la imagen profesional del centro

Una intervención estética profesional no puede basarse únicamente en la aplicación automática de productos, por muy eficaces que sean. Es fundamental que el/la especialista en higiene e hidratación de la piel sea capaz de valorar, durante y después del tratamiento, si el cosmético utilizado ha sido el más adecuado para la necesidad específica del cliente, y si la técnica aplicada ha potenciado o limitado su eficacia.

Esta valoración exige una mirada integradora, en la que se contemple el efecto del producto, el tipo de piel tratado, la evolución de la piel tras la aplicación y la respuesta observada. El objetivo es comprobar si existe coherencia real entre:

- El producto seleccionado (su función, activos, textura y concentración),
- La técnica utilizada para su aplicación (manual, mecánica o con aparatología),
- Y la necesidad cutánea concreta que se deseaba abordar (exceso de sebo, deshidratación, flacidez, sensibilidad…).

Aplicar un producto calmante para piel sensible utilizando un cepillo rotatorio exfoliante es contradictorio: aunque el producto sea el correcto, la técnica elegida puede agravar la sensibilidad. Inversamente, una crema nutritiva aplicada con un masaje suave y lento sí potencia su efecto reparador en una piel seca y sin inflamación.

Para facilitar esta valoración, se recomienda incorporar observaciones en la ficha técnica del cliente, registrando no solo los productos utilizados, sino también las reacciones inmediatas y a medio plazo de la piel (tirantez, rojeces, mejora del tono, aumento de elasticidad, etc.). Este seguimiento permite ajustar futuras sesiones y elegir mejor los productos o técnicas a emplear.

También es útil utilizar una pequeña guía de comprobación tras el tratamiento:

Pregunta de control	Respuesta esperada
¿La piel ha tolerado bien el producto aplicado?	Sin enrojecimiento excesivo, escozor ni tirantez incómoda
¿Se ha cumplido el objetivo principal del tratamiento?	Mejora visible o perceptible del estado inicial
¿La técnica utilizada ha favorecido la absorción?	Sí, sin causar molestias ni lesiones
¿El resultado es coherente con el tipo de piel?	Sí, sin signos de saturación o irritación

Anotación

Un resultado negativo no siempre se debe al producto. A veces, una aplicación incorrecta, una técnica mal elegida o una falta de adecuación al momento del tratamiento pueden comprometer el efecto final.

En este sentido, el/la profesional debe mantener una **actitud crítica y flexible**, revisando y ajustando el protocolo en función de la respuesta individual del cliente. Esta capacidad de análisis garantiza tratamientos personalizados, seguros y eficaces, y consolida la confianza del cliente en el servicio recibido.

En conclusión, valorar adecuadamente la interacción entre cosmético, técnica y necesidad cutánea es uno de los aspectos más importantes del trabajo profesional en estética. No basta con saber qué producto utilizar, sino cuándo, cómo y por qué usarlo para obtener el máximo beneficio para la piel.

Resumen

En los tratamientos de higiene e hidratación de la piel, la elección y el uso adecuado de los productos cosméticos constituye un aspecto esencial para alcanzar resultados seguros, eficaces y personalizados. La variedad de cosméticos disponibles en el mercado responde a distintas funciones, como limpiar, tonificar, exfoliar, hidratar, nutrir, proteger o tratar necesidades cutáneas específicas. Cada una de estas funciones debe estar integrada de manera lógica dentro del protocolo de trabajo del profesional.

La selección de un cosmético no debe basarse únicamente en preferencias personales o en las marcas comerciales más conocidas, sino que debe obedecer a criterios técnicos basados en el tipo de piel, el estado cutáneo del cliente, el objetivo del tratamiento y el contexto en que se realiza (edad, época del año, zona corporal, entre otros). Esta elección cuidadosa garantiza que los activos contenidos en el producto cumplan su función sin alterar el equilibrio fisiológico de la piel.

Asimismo, la manipulación, conservación y aplicación de los cosméticos debe seguir normas estrictas de higiene y profesionalidad. Usar utensilios adecuados, respetar los tiempos de exposición, evitar la contaminación del producto y seguir una secuencia correcta de aplicación son prácticas clave para mantener la eficacia de los principios activos y proteger la salud cutánea del cliente.

Por último, no basta con aplicar un producto correctamente: es imprescindible valorar si su uso ha sido realmente adecuado para la necesidad específica de la piel. Esta valoración requiere observar la respuesta inmediata y progresiva del tejido cutáneo, analizar si la técnica ha potenciado o limitado la eficacia del cosmético, y ajustar el protocolo si es necesario. Este proceso reflexivo consolida la profesionalidad del técnico y permite ofrecer tratamientos individualizados de mayor calidad.

Glosario

Activo cosmético

Sustancia presente en un producto cosmético que produce una acción específica sobre la piel (hidratante, calmante, reafirmante, etc.).

Aplicación secuencial

Orden lógico y técnico en el que se aplican los productos cosméticos durante un tratamiento, según su función y textura.

Comedogénico

Producto o ingrediente que tiene tendencia a obstruir los poros y favorecer la aparición de comedones (puntos negros).

Cosmético funcional

Producto formulado para cumplir una función concreta en la piel, como limpiar, hidratar, exfoliar, equilibrar, proteger, etc.

INCI

Siglas de *International Nomenclature of Cosmetic Ingredients*. Es el listado de ingredientes de un cosmético, ordenado de mayor a menor concentración.

No comedogénico

Producto formulado para minimizar el riesgo de obstrucción de los poros. Es recomendable en pieles grasas o acnéicas.

PAO (Periodo Después de Apertura)

Tiempo durante el cual un producto cosmético conserva sus propiedades tras haber sido abierto. Se indica con un símbolo de tarro abierto seguido de un número (por ejemplo, 6M = 6 meses).

Seborregulador

Producto o ingrediente destinado a equilibrar la producción de sebo cutáneo.

Tolerancia cutánea

Capacidad de la piel para aceptar un producto sin reaccionar negativamente. Varía según el tipo de piel y la fórmula aplicada.

Vehículo cosmético

Medio en el que se disuelven o suspenden los activos de un cosmético, que influye en su textura, absorción y aplicación (por ejemplo, crema, gel, aceite, emulsión…).

Zona anatómica

Parte del cuerpo sobre la que se aplica un tratamiento. Cada zona puede tener necesidades y características distintas (rostro, escote, espalda, etc.).

Ejercicios de autoevaluación

1. ¿Qué función principal cumple un tónico en un tratamiento cosmético?

a. Aportar lípidos a la piel.

b. Restablecer el pH y preparar la piel.

c. Exfoliar la capa córnea.

d. Reducir manchas profundas.

2. ¿Cuál de los siguientes cosméticos está indicado como humectante?

a. Tónico con hamamelis.

b. Gel limpiador.

c. Sérum con ácido hialurónico.

d. Peeling químico.

3. En pieles grasas, ¿qué tipo de textura es más adecuada para la hidratación?

a. Bálsamo rico en aceites esenciales.

b. Emulsión o crema densa.

c. Manteca vegetal sólida.

d. Fluido ligero o gel acuoso.

4. ¿Qué significa el símbolo PAO en un envase cosmético?

a. Producto antialérgico certificado.

b. Aprobación oficial del fabricante.

c. Periodo Después de la Apertura.

d. Protocolo de Aplicación y Observación.

5. ¿Qué producto sería más adecuado para una piel con sensibilidad e irritación?

    a. Peeling con ácido glicólico.

    b. Exfoliante de gránulo grueso.

    c. Crema con bisabolol y alantoína.

    d. Mascarilla térmica con alcanfor.

6. ¿Cuál de estas acciones debe evitarse durante la manipulación de productos en cabina?

    a. Usar una espátula limpia.

    b. Introducir los dedos directamente en el tarro.

    c. Aplicar con guantes desechables.

    d. Comprobar el estado del envase.

7. ¿Qué función desempeñan los productos exfoliantes en los tratamientos?

    a. Eliminar células muertas y renovar la piel.

    b. Proteger de la radiación solar.

    c. Tonificar la musculatura facial.

    d. Equilibrar el pH.

8. ¿Cuál es un criterio profesional esencial para seleccionar un cosmético?

    a. Popularidad en redes sociales.

    b. Preferencia del cliente.

    c. Tipo de piel y objetivo del tratamiento.

    d. Precio y formato comercial.

9. ¿Qué técnica de aplicación es más adecuada para una crema nutritiva?

a. Fricción rápida y fuerte.

b. Masaje suave con movimientos ascendentes.

c. Exfoliación circular.

d. Presión con ventosas.

10.¿Qué factor no afecta directamente a la elección del cosmético?

a. Número de seguidores de la marca.

b. Estado cutáneo.

c. Zona anatómica.

d. Época del año.

U. A. 6. Criterios de selección y aplicación de la cosmetología específica

U. A. 7. Criterios de selección, programación y aplicación de los aparatos empleados en cada fase de los tratamientos

Introducción

En el ámbito de la estética, la incorporación de la aparatología ha permitido optimizar la eficacia de los tratamientos faciales y corporales, favoreciendo resultados más visibles, seguros y duraderos. La elección del equipo técnico adecuado depende de múltiples factores, como el tipo de piel, el objetivo del tratamiento, la fase del protocolo y las contraindicaciones específicas del cliente.

A lo largo de esta unidad se analizarán los criterios fundamentales para seleccionar la aparatología estética más adecuada según el tratamiento que se esté realizando. Asimismo, se abordará la programación técnica de los aparatos (intensidad, frecuencia, duración, etc.) y las condiciones de aplicación segura, teniendo en cuenta tanto los protocolos establecidos como las indicaciones del fabricante.

El conocimiento riguroso de estos criterios es esencial para garantizar la calidad del servicio, la satisfacción del cliente y la protección de su salud dermatológica. También permite al profesional actuar con solvencia en la resolución de posibles incidencias derivadas del uso de equipos eléctricos o electromagnéticos.

Objetivos

- Identificar los aparatos empleados en cada fase del tratamiento estético de higiene e hidratación, reconociendo su función y características técnicas.

- Seleccionar el tipo de aparatología más adecuado según el tipo de piel y los objetivos del tratamiento, aplicando criterios profesionales y normativos.

- Programar correctamente los parámetros técnicos de los equipos según las necesidades del tratamiento, respetando las indicaciones del fabricante y los protocolos de seguridad.

- Aplicar los aparatos de manera eficaz y segura, siguiendo las normas de higiene, prevención de riesgos y mantenimiento básico de la aparatología estética.

1. Criterios de selección, programación y aplicación de los aparatos empleados en cada fase de los tratamientos

La aparatología estética empleada en los tratamientos de higiene y de hidratación de la piel puede clasificarse en función de la fase del tratamiento en la que interviene y del tipo de efecto que produce sobre la piel. Su correcta identificación permite al profesional planificar sesiones más eficaces, adaptadas a las características cutáneas del cliente, mejorando los resultados visibles desde la primera aplicación.

En los tratamientos de higiene facial y corporal, existen diferentes tipos de aparatos que se emplean habitualmente en los centros estéticos, cada uno con una función específica que complementa o intensifica la acción de las técnicas manuales y los cosméticos.

A continuación, se presenta una descripción de los equipos más comunes y su utilidad:

Aparato estético	Fase de tratamiento en la que se emplea	Función principal
Vaporizador con ozono	Preparación y dilatación de poros	Ablanda impurezas, activa la circulación y favorece la extracción
Alta frecuencia	Post-extracción	Antiséptico, cicatrizante y calmante
Corriente galvánica	Penetración de principios activos	Mejora la absorción (iontoforesis) y elimina impurezas (desincrustación)
Cepillo rotatorio	Limpieza superficial	Retira células muertas y mejora la textura cutánea
Microcorrientes	Fase de hidratación y tonificación	Estimulan la musculatura facial, favorecen la oxigenación celular
Ultrasonidos	Aplicación de activos e hidratación	Favorecen la penetración profunda de cosméticos

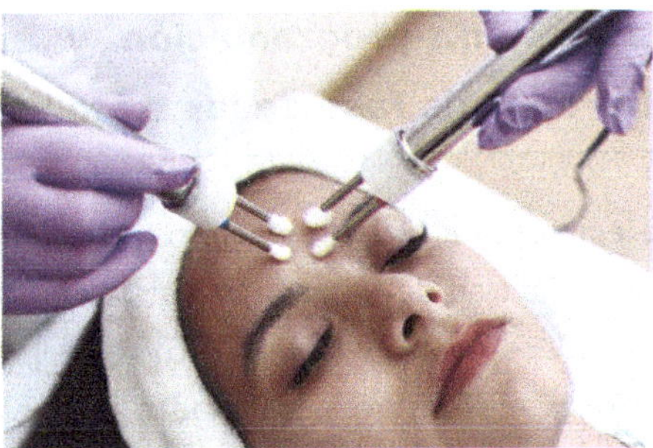

Fig. 1. La corriente galvánica es un tipo de corriente eléctrica continua que se aplica a través de electrodos sobre la piel para estimular, desincrustar o ionizar sustancias activas

En una sesión de higiene facial profunda en piel grasa, el profesional puede iniciar con el uso del vaporizador con ozono para preparar la piel, seguido de una limpieza mecánica y aplicación de alta frecuencia. Posteriormente, puede emplear la corriente galvánica en modo desincrustación, y cerrar la sesión con un tratamiento hidratante con ultrasonidos.

Es importante tener en cuenta que cada aparato no actúa de forma aislada, sino que debe integrarse dentro de una secuencia lógica que respete la fisiología de la piel y los tiempos de adaptación del cliente. En función del diseño del tratamiento, algunos aparatos pueden omitirse, duplicarse o sustituirse, siempre que exista justificación técnica.

Anotación

No todos los aparatos están indicados para todos los tipos de piel. Por ejemplo, el vapor con ozono puede estar contraindicado en pieles sensibles o con rosácea, ya que el calor excesivo puede agravar la reactividad cutánea.

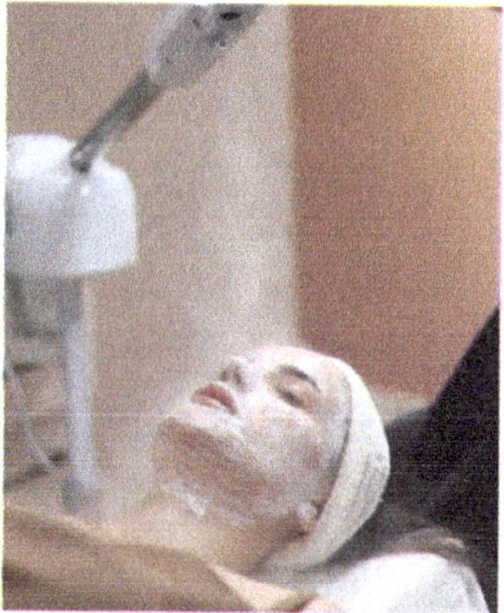

Fig. 2. Aunque la aparatología aporta múltiples beneficios, su eficacia dependerá del dominio que tenga el profesional sobre su manejo, programación y aplicación técnica

Una de las competencias fundamentales en estética es la capacidad para seleccionar de manera adecuada la aparatología que se utilizará durante un tratamiento. Esta elección no debe realizarse de forma mecánica ni por costumbre, sino que ha de basarse en criterios técnicos, diagnósticos y de seguridad que permitan garantizar tanto la eficacia del tratamiento como la protección de la integridad cutánea del cliente.

Entre los principales factores que influyen en esta selección se encuentran el objetivo del tratamiento, la fase en la que se integra el aparato, las características de la piel del cliente y sus posibles contraindicaciones médicas o estéticas.

Cuando se trata de elegir qué aparatología utilizar, los profesionales deben considerar que:

- El aparato debe ser coherente con la finalidad que se persigue. Por ejemplo, si el objetivo es mejorar la oxigenación y tonificación de la piel, pueden emplearse microcorrientes o ultrasonidos, mientras que, si se busca facilitar la extracción de comedones, será más adecuado el uso del vapor de ozono.

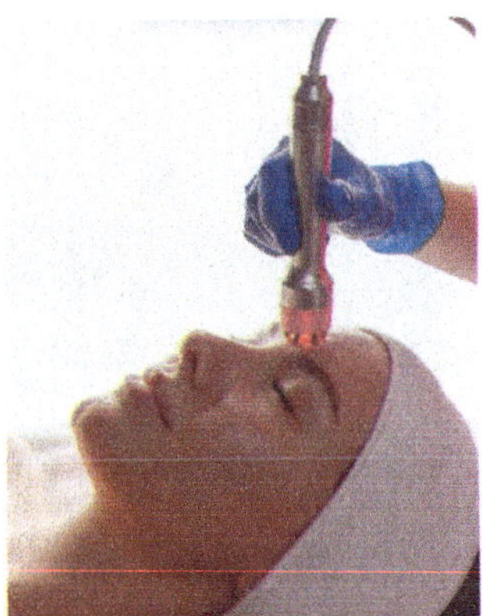

Fig. 3. Las microcorrientes se aplican mediante electrodos o cabezales metálicos y resultan indoloras y seguras, siendo especialmente valoradas por su efecto "lifting sin cirugía"

- Cada equipo debe seleccionarse en función de la fase del tratamiento. Algunos aparatos, como el cepillo rotatorio, se emplean en fases iniciales para potenciar la limpieza mecánica, mientras que otros, como la corriente galvánica, se reservan para la penetración de principios activos en fases avanzadas.

- Deben valorarse las características individuales de la piel, sin desarrollar de nuevo los tipos cutáneos vistos en unidades anteriores. Es suficiente con interpretar si se trata de una piel reactiva, con tendencia al acné, envejecida o deshidratada, y escoger aparatos cuya acción sea compatible.

- Es indispensable verificar que no existen contraindicaciones específicas para el uso del equipo elegido. Algunos aparatos están desaconsejados en personas con marcapasos, embarazo, alteraciones vasculares graves o infecciones activas en la zona a tratar.

Anotación

El uso de aparatología en pieles con patologías dermatológicas diagnosticadas (como dermatitis o psoriasis activa) debe evitarse, a menos que exista una prescripción médica o un consentimiento claro informado.

A modo orientativo, se pueden reconocer ciertos criterios generales de selección que guían la elección profesional. Aunque no son reglas absolutas, suelen aplicarse de forma transversal:

- Si el objetivo es abrir el poro y ablandar impurezas, se optará por vapor con ozono.
- Si se busca efecto antiséptico y calmante, se elegirá alta frecuencia.
- Si se necesita penetrar principios activos de hidratación, se puede emplear ultrasonido o iontoforesis.
- Si el tratamiento requiere estimulación muscular o reafirmación, se recurrirá a microcorrientes.

Ejemplo

En una sesión para piel madura con signos de flacidez y deshidratación, la elección podría incluir microcorrientes (para estimular tono muscular) combinadas con ultrasonido (para vehiculizar activos hidratantes), evitando el vapor de ozono si la piel muestra cuperosis.

Una vez seleccionada la aparatología adecuada, el siguiente paso consiste en ajustar correctamente los parámetros técnicos del equipo. Esta programación determina la eficacia del tratamiento y minimiza el riesgo de efectos indeseados. Para ello, es imprescindible conocer no solo las funciones del aparato, sino también sus variables operativas básicas, como la intensidad, el tiempo de aplicación, la frecuencia o el tipo de emisión.

Cada equipo cuenta con un conjunto específico de parámetros que deben ser configurados de forma individualizada para cada cliente.

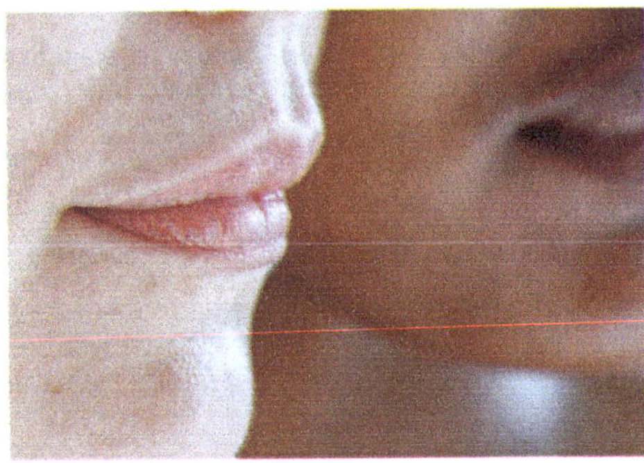

Fig. 4. No existen valores universales, ya que influyen factores como el tipo de piel, el área tratada, la sensibilidad cutánea, la experiencia previa con aparatología o incluso la estación del año

Cuando se programa un aparato estético, el profesional debe considerar:

- La **duración de la aplicación**, que debe ajustarse al tiempo óptimo de exposición según el aparato. Por ejemplo, el vapor de ozono rara vez debe aplicarse más de 10-15 minutos, mientras que las microcorrientes pueden emplearse durante 20 minutos distribuidos en varias zonas.

- La **intensidad o nivel de emisión**, que se adapta según la tolerancia de la piel y la zona tratada. En áreas sensibles, como el contorno facial, se utilizan intensidades bajas, mientras que zonas más resistentes (como la espalda) permiten mayor carga.

- La **frecuencia o tipo de corriente** en aparatos eléctricos. En la galvánica, por ejemplo, el profesional debe elegir entre polaridad positiva o negativa, según si se desea iontoforesis o desincrustación.

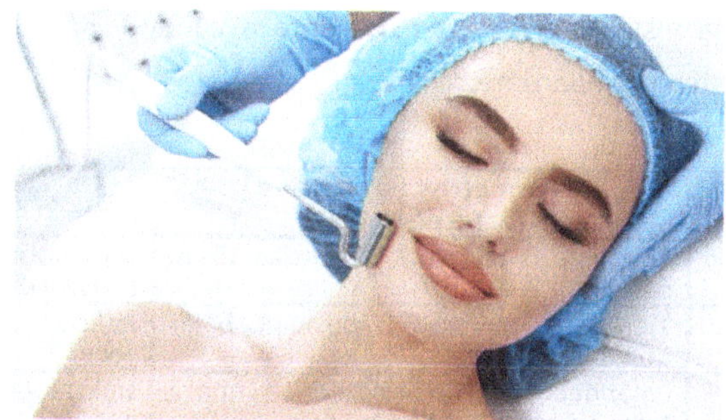

Fig. 5. La iontoforesis con corriente galvánica permite vehiculizar principios activos en profundidad, mejorando la eficacia de los tratamientos hidratantes, reafirmantes o despigmentantes

- El **modo de trabajo**: algunos equipos permiten elegir entre modos pulsado, continuo, automático, programado o manual. La elección dependerá del efecto deseado y la sensibilidad del cliente.

Ejemplo

En una sesión de hidratación facial con ultrasonidos, se podría programar el aparato con una frecuencia de 1 MHz, intensidad media y modo pulsado para zonas sensibles, durante 10 minutos. Este ajuste favorece la penetración de principios activos sin provocar hiperemia.

En ningún caso debe iniciarse un tratamiento sin haber leído el manual técnico del aparato y haber realizado las pruebas necesarias sobre la piel del cliente (como la prueba de sensibilidad o tolerancia). Además, se deben documentar los valores utilizados en la ficha técnica del cliente para su seguimiento.

Para facilitar una visión práctica, se presenta a continuación una tabla con algunos ejemplos orientativos de parámetros:

Aparato	Parámetros habituales (referenciales)	Observaciones importantes
Vaporizador con ozono	Tiempo: 10-15 min / Distancia: 30-40 cm	No aplicar en piel con cuperosis o sensibilidad vascular
Alta frecuencia	Tiempo: 5-10 min / Intensidad: baja-media	Aplicar con electrodo de vidrio seco
Galvánica (iontoforesis)	Polaridad: + / Tiempo: 5-10 min / Intensidad: 0,2-0,5 mA	Utilizar gel conductor y respetar polaridad de los activos
Microcorrientes	Tiempo: 15-20 min / Intensidad: muy baja / Frecuencia: modulada	No indicado en personas con marcapasos
Ultrasonidos	Frecuencia: 1 MHz / Tiempo: 10-12 min / Modo: pulsado	Requiere gel transmisor y movimientos constantes

Una programación adecuada no solo incrementa la efectividad del tratamiento, sino que evita efectos secundarios como eritemas, hipersensibilidad o reacciones adversas.

Por este motivo, el profesional debe ajustar los parámetros con criterio técnico, observar la reacción del cliente durante todo el proceso y modificar la intensidad si fuera necesario.

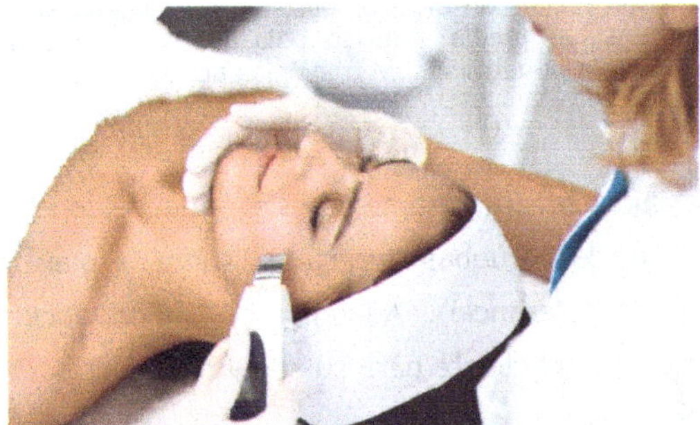

Fig. 6. El peeling ultrasónico es una técnica estética no invasiva que emplea vibraciones ultrasónicas de alta frecuencia para eliminar células muertas, extraer impurezas y puntos negros, estimular la microcirculación y mejorar la absorción de activos

El uso de aparatología estética implica una serie de responsabilidades técnicas y de seguridad que el profesional debe conocer y aplicar rigurosamente. La aplicación segura no solo protege la salud del cliente, sino que también garantiza la durabilidad de los equipos y la calidad del servicio.

Antes de cada sesión, es imprescindible verificar el estado de funcionamiento del aparato, su correcta conexión eléctrica y la limpieza de los accesorios que estarán en contacto con la piel.

Durante la aplicación del aparato, deben observarse varias condiciones fundamentales:

- El profesional debe higienizarse las manos y usar guantes si el equipo o el tratamiento lo requieren.
- El cliente debe estar correctamente posicionado, en una postura cómoda y relajada, con el cabello protegido y la piel previamente preparada.
- Los electrodos, cabezales o emisores deben estar en condiciones óptimas y ser compatibles con la técnica seleccionada. Algunos necesitan geles o sustancias conductoras, mientras que otros se aplican directamente sobre la piel seca.
- Es necesario controlar las sensaciones del cliente durante toda la sesión. Si experimenta ardor, hormigueo excesivo, calor anormal o molestias, debe interrumpirse inmediatamente el tratamiento y revisar los parámetros o la técnica.

Ejemplo

Durante la aplicación de microcorrientes en una piel madura, el cliente refiere sensación de pinchazos. El profesional reduce la intensidad a un nivel más bajo y cambia el modo de emisión de continuo a pulsado, lo que alivia la molestia sin interrumpir el tratamiento.

El área tratada debe mantenerse bajo vigilancia hasta el final del procedimiento, incluso si el aparato trabaja en modo automático. Nunca debe dejarse al cliente solo mientras el equipo esté en funcionamiento.

Una vez finalizado el tratamiento, se debe realizar un mantenimiento básico del aparato, lo que incluye:

- Limpieza externa del equipo con productos no abrasivos y paños suaves, sin aplicar líquidos directamente sobre sus componentes eléctricos.
- Desinfección de cabezales, electrodos o piezas reutilizables, siguiendo las indicaciones del fabricante.
- Almacenamiento en lugar seco, ventilado y protegido del polvo, lejos de fuentes de calor o humedad.
- Revisión periódica de cables, conexiones y accesorios para detectar desgaste o posibles fallos.

Anotación

Todo centro estético debe disponer de un registro de mantenimiento de sus aparatos, donde se anoten las limpiezas, revisiones, incidencias y reparaciones realizadas. Esto no solo es recomendable, sino que puede ser requerido en inspecciones sanitarias o auditorías de calidad.

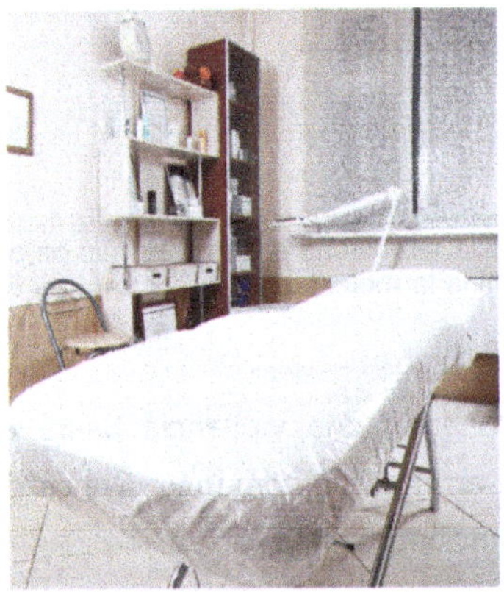

Fig. 7. El entorno de trabajo también debe cumplir con requisitos básicos de higiene, ventilación y organización

La aplicación segura y el mantenimiento adecuado de la aparatología forman parte de la ética profesional en estética. Permiten preservar la salud del cliente, prolongar la vida útil de los equipos, y prevenir problemas técnicos que puedan interferir en el desarrollo del tratamiento o generar costes innecesarios.

Resumen

La aparatología estética es un recurso técnico esencial en los tratamientos de higiene y de hidratación de la piel del rostro y cuerpo. Su correcta utilización permite mejorar los resultados de los tratamientos, adaptándolos a las necesidades de cada cliente. Para ello, es necesario conocer tanto la función de cada equipo como su integración en las distintas fases del protocolo estético.

Los aparatos más utilizados incluyen el vaporizador con ozono, la alta frecuencia, la corriente galvánica, los ultrasonidos, las microcorrientes y el cepillo rotatorio. Cada uno de ellos cumple una función específica dentro del tratamiento: facilitar la extracción, mejorar la penetración de principios activos, calmar la piel, estimular la musculatura o realizar una limpieza más profunda. Estos dispositivos no se aplican de forma arbitraria, sino que se integran estratégicamente en función de los objetivos y características del tratamiento.

La elección del aparato adecuado requiere tener en cuenta criterios técnicos como la fase del tratamiento, el tipo de efecto buscado y las características cutáneas del cliente. También deben considerarse posibles contraindicaciones o condiciones médicas que desaconsejen el uso de ciertos equipos. Un uso correcto se basa en el análisis profesional y no en la costumbre o la improvisación.

Una vez seleccionado el equipo, el profesional debe programarlo correctamente, ajustando parámetros como la intensidad, el tiempo, la frecuencia o el modo de emisión. Estos valores deben adaptarse a cada caso particular, ya que una configuración inadecuada puede reducir la eficacia del tratamiento o provocar efectos secundarios. Es imprescindible consultar el manual técnico del aparato y realizar pruebas de tolerancia antes de cada sesión.

Finalmente, la aplicación de aparatología debe llevarse a cabo bajo condiciones estrictas de seguridad e higiene. El profesional debe mantener una supervisión constante durante el uso del equipo y atender a cualquier señal de incomodidad por parte del cliente. Al terminar, es fundamental limpiar y desinfectar los accesorios, registrar las incidencias y almacenar el equipo en condiciones óptimas. Estas prácticas de mantenimiento básico garantizan la calidad del servicio y prolongan la vida útil de los aparatos, en línea con una actuación profesional responsable.

Glosario

Aparatología estética

Conjunto de dispositivos eléctricos o electromagnéticos empleados en tratamientos de higiene, hidratación y mejora del aspecto de la piel.

Vaporizador con ozono

Equipo que genera vapor caliente y ozono para ablandar impurezas, abrir los poros y preparar la piel para la extracción.

Alta frecuencia

Aparato que emite corriente de alta frecuencia con efecto antiséptico, descongestivo y cicatrizante sobre la piel.

Corriente galvánica

Corriente continua utilizada en estética con dos funciones principales: desincrustación (limpieza profunda) e iontoforesis (penetración de activos).

Ultrasonidos

Tecnología que utiliza ondas sonoras de alta frecuencia para mejorar la penetración de cosméticos y estimular la microcirculación.

Microcorrientes

Corrientes de baja intensidad utilizadas para tonificar la musculatura facial, mejorar la oxigenación celular y favorecer la regeneración cutánea.

Cepillo rotatorio

Dispositivo mecánico que realiza una exfoliación superficial mediante cabezales giratorios con cerdas suaves o esponjas.

Iontoforesis

Técnica que emplea corriente galvánica para introducir principios activos en capas profundas de la piel a través de la polaridad positiva.

Desincrustación

Procedimiento de limpieza profunda que utiliza corriente galvánica con polaridad negativa para eliminar impurezas acumuladas en los poros.

Frecuencia

Número de ciclos eléctricos o vibratorios por segundo que emite un aparato; se mide en hercios (Hz) y determina el tipo de efecto fisiológico.

Intensidad

Magnitud de energía emitida por un equipo, regulable según el aparato, que influye en la potencia de acción sobre la piel.

Modo de emisión

Forma en que el aparato entrega su energía (continua, pulsada, modulada), adaptándose a la sensibilidad cutánea y a los objetivos del tratamiento.

Parámetros técnicos

Conjunto de valores configurables (tiempo, intensidad, frecuencia, polaridad...) que determinan el funcionamiento de un equipo estético.

Contraindicación

Situación o condición médica que desaconseja el uso de ciertos aparatos por riesgo de efectos adversos (por ejemplo, embarazo o marcapasos).

Mantenimiento básico

Conjunto de acciones rutinarias para conservar en buen estado la aparatología: limpieza, desinfección, revisión y almacenamiento adecuados.

Ejercicios de autoevaluación

1. **¿Cuál es la principal función del vaporizador con ozono en los tratamientos de higiene facial?**

   a. Hidratar la piel.

   b. Dilatar los poros y ablandar impurezas.

   c. Tonificar los músculos faciales.

   d. Aportar nutrientes a capas profundas.

2. **¿Qué aparato se utiliza habitualmente tras la extracción para calmar y desinfectar la piel?**

   a. Ultrasonidos.

   b. Corriente galvánica.

   c. Alta frecuencia.

   d. Microcorrientes.

3. **La técnica de iontoforesis consiste en:**

   a. Introducir principios activos mediante corriente galvánica.

   b. Emitir calor para extraer impurezas.

   c. Estimular la musculatura con pulsos eléctricos.

   d. Realizar una exfoliación mecánica.

4. **¿Qué parámetro técnico debe ajustarse para evitar sensación de quemazón en zonas sensibles?**

   a. Frecuencia.

   b. Intensidad.

   c. Duración

   d. Polaridad.

5. ¿Cuál de los siguientes aparatos se emplea en la fase de tonificación o reafirmación?

    a. Microcorrientes.

    b. Vaporizador.

    c. Alta frecuencia.

    d. Cepillo rotatorio.

6. ¿Qué acción realiza el cepillo rotatorio sobre la piel?

    a. Penetración de activos.

    b. Efecto antiséptico.

    c. Exfoliación mecánica superficial.

    d. Estimulación muscular.

7. ¿Qué aparato está contraindicado en personas con cuperosis?

    a. Alta frecuencia.

    b. Corriente galvánica.

    c. Vaporizador con ozono.

    d. Microcorrientes.

8. ¿Qué se debe hacer antes de aplicar cualquier aparato sobre el cliente?

    a. Colocar el cosmético final.

    b. Preparar la piel y verificar el estado del equipo.

    c. Activar todos los parámetros al máximo.

    d. Conectar la toma de corriente tras el contacto con la piel.

9. En una piel madura y deshidratada, ¿qué combinación de aparatos es más adecuada?

   a. Cepillo rotatorio y vapor.
   b. Ultrasonidos e iontoforesis.
   c. Alta frecuencia y ozono.
   d. Galvánica en desincrustación.

10.¿Cuál de las siguientes afirmaciones sobre el mantenimiento es correcta?

   a. Se puede almacenar el equipo en un espacio cerrado con humedad.
   b. No es necesario limpiar los electrodos si se ha usado gel conductor.
   c. Los aparatos deben dejarse conectados para mantenerlos estables.
   d. Es necesario desinfectar los accesorios tras cada uso.

U. A. 7. Criterios de selección, programación y aplicación de los aparatos empleados en cada fase de los tratamientos

U. A. 8. Técnicas manuales empleadas

Introducción

Las técnicas manuales en los tratamientos estéticos de higiene e hidratación de la piel constituyen una parte esencial del procedimiento profesional. Lejos de ser un simple complemento, la correcta aplicación de maniobras manuales permite preparar la piel, activar la circulación, facilitar la absorción de principios activos y promover una experiencia sensorial positiva para el cliente. Estas técnicas no solo cumplen funciones fisiológicas, sino también estéticas y emocionales.

El dominio de estas técnicas exige conocer sus efectos, la dirección y ritmo adecuados, las zonas anatómicas implicadas, así como la presión idónea según el tipo de piel. Se utilizan en diversas fases del tratamiento: desde la limpieza profunda hasta la hidratación, pasando por el masaje relajante o activador. Entre las más comunes se encuentran las maniobras de *effleurage*, *petrissage*, fricción, vibración y percusión, cada una con una finalidad específica.

Asimismo, estas técnicas deben integrarse de manera coherente con los productos cosméticos empleados, respetando las necesidades particulares de la piel del rostro y del cuerpo. La correcta ejecución manual refuerza la eficacia del tratamiento y contribuye a mejorar el bienestar del cliente, elevando el nivel de profesionalidad del servicio estético.

Objetivos

- Reconocer las principales técnicas manuales utilizadas en los tratamientos de higiene e hidratación facial y corporal, identificando su finalidad y aplicación concreta.
- Aplicar correctamente maniobras manuales básicas y avanzadas, adaptándolas al tipo de piel y a la fase del tratamiento estético.
- Relacionar los efectos fisiológicos y estéticos de las técnicas manuales con los beneficios esperados en la piel del cliente.
- Integrar las técnicas manuales con el uso de cosméticos y aparatología, respetando las indicaciones y contraindicaciones en función del estado cutáneo.

1. Técnicas manuales empleadas

Las técnicas manuales empleadas en estética profesional no cumplen una función meramente mecánica o relajante, sino que forman parte fundamental de los tratamientos de higiene e hidratación tanto facial como corporal. La correcta aplicación de estas maniobras genera respuestas fisiológicas que favorecen la salud y el aspecto de la piel, así como el bienestar general del cliente.

Cuando se realizan de forma adecuada, estas técnicas permiten preparar el tejido cutáneo para recibir principios activos, mejorar la oxigenación, estimular los mecanismos naturales de regeneración y facilitar la absorción de productos cosméticos.

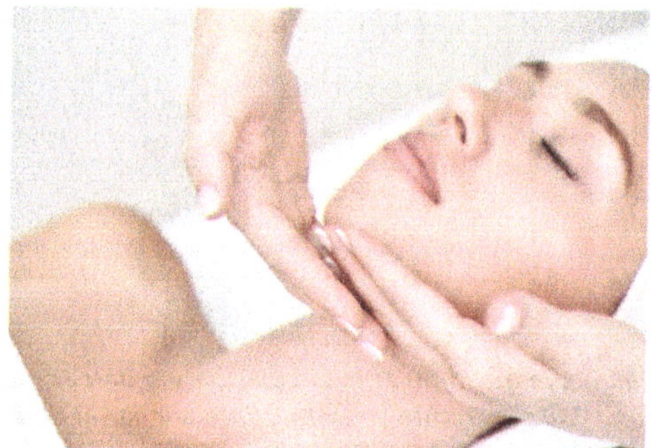

Fig. 1. Las técnicas manuales intervienen directamente en el sistema circulatorio y linfático, movilizando líquidos intersticiales, eliminando toxinas y favoreciendo el retorno venoso

Entre los efectos fisiológicos principales que se pueden lograr mediante técnicas manuales se encuentran los siguientes:

- **Activación de la microcirculación cutánea**, lo que mejora la oxigenación y nutrición de los tejidos.
- **Estimulación del sistema linfático**, favoreciendo la eliminación de toxinas y disminuyendo la retención de líquidos.
- **Relajación de la musculatura facial o corporal**, reduciendo tensiones y mejorando la expresión facial.

- **Favorecimiento de la renovación celular**, al estimular la regeneración de las capas más superficiales de la piel.
- **Mejora de la permeabilidad cutánea**, que permite una absorción más efectiva de los cosméticos aplicados.

Anotación

Estos efectos pueden variar en intensidad según el ritmo, la presión y la técnica utilizada, por lo que la destreza del profesional es clave para obtener los resultados deseados sin provocar irritación o sensibilidad.

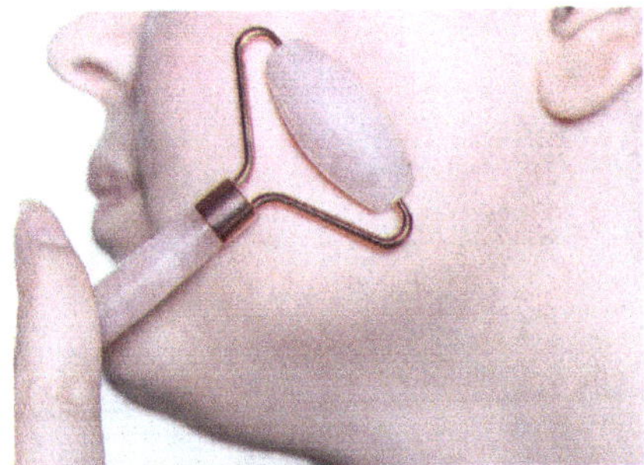

Fig. 2. El rodillo facial ayuda a estimular la circulación y a drenar líquidos con suaves movimientos, ofreciendo un efecto relajante y revitalizante similar al de las maniobras manuales de effleurage

Por otra parte, las técnicas manuales también cumplen una función emocional importante: el contacto profesional, realizado con criterio estético y cuidado, genera un impacto directo sobre el sistema nervioso parasimpático, promoviendo la relajación general y el bienestar emocional del cliente. Esta dimensión emocional es especialmente valiosa en tratamientos faciales, donde el estrés, la fatiga o la tensión pueden reflejarse con claridad en el rostro.

A nivel terapéutico-estético, el masaje bien ejecutado puede contribuir a restablecer el equilibrio hidrolipídico, lo cual es esencial en pieles alteradas por la deshidratación, el exceso de grasa o la exposición a agentes externos.

Las técnicas manuales utilizadas en tratamientos de higiene e hidratación se estructuran en un conjunto de maniobras básicas y complementarias, cada una con una finalidad específica. Estas maniobras se combinan de forma estratégica a lo largo del tratamiento para preparar, activar o relajar los tejidos, en función del objetivo estético y del tipo de piel del cliente.

Las maniobras manuales más comúnmente empleadas en estética profesional se clasifican en función de su acción mecánica, ritmo, profundidad y efectos. En general, el tratamiento comienza con maniobras suaves y progresivas y avanza hacia técnicas más profundas o estimulantes, según las necesidades de la piel.

Cuando se realiza un tratamiento facial o corporal, se suelen aplicar las siguientes maniobras manuales, ordenadas según su intensidad y acción principal:

- El ***effleurage*** o deslizamiento superficial consiste en el paso de las manos por la piel con suavidad, sin presión, siguiendo el trayecto de los vasos linfáticos o musculares.

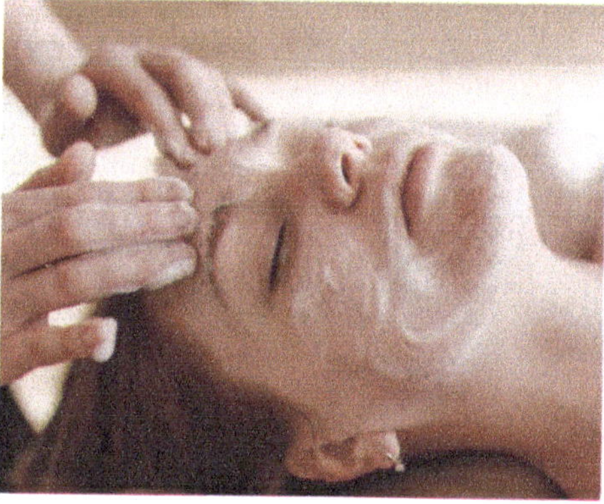

Fig. 3. El effleurage se utiliza al inicio y al final del tratamiento, y su objetivo es relajar al cliente, distribuir el producto cosmético y favorecer la adaptación de las manos a la piel

- El ***petrissage*** o amasamiento se basa en movimientos de compresión y estiramiento de los tejidos, similares al amasado del pan.

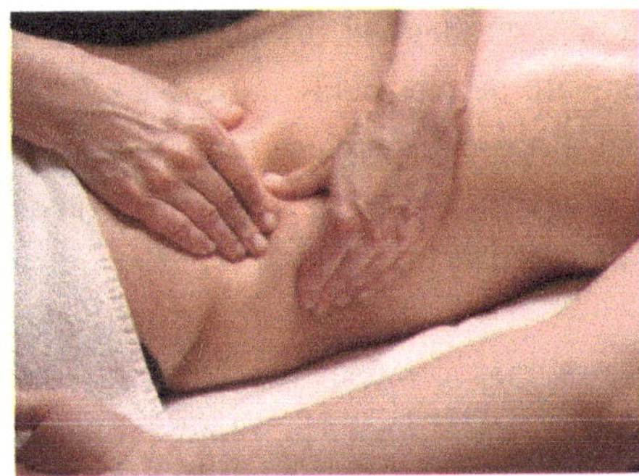

Fig. 4. El petrissage se realiza con mayor profundidad y es muy útil para estimular la circulación sanguínea, tonificar la musculatura y movilizar depósitos de grasa superficial

- La **fricción** consiste en movimientos circulares o lineales, ejecutados con mayor presión, que provocan un calentamiento local y una activación intensa de la zona. Esta técnica se emplea para preparar áreas específicas antes de la aplicación de otros productos o técnicas.

- La **percusión** se realiza mediante golpeteos rítmicos y suaves con el canto de las manos o con los dedos, generando una estimulación nerviosa y circulatoria.

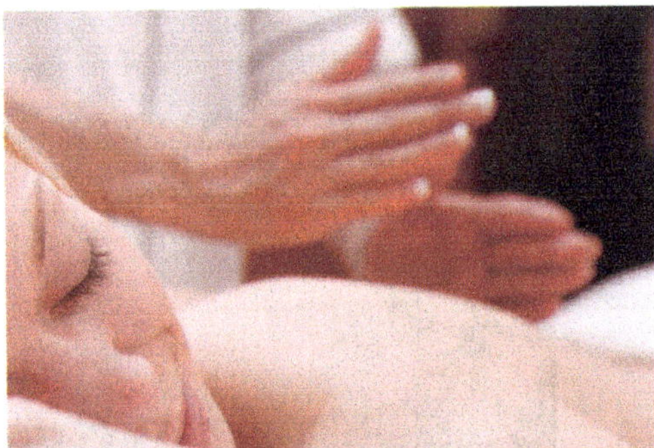

Fig. 5. Aunque la percusión se usa más en tratamientos corporales, también puede aplicarse en zonas faciales con moderación y precisión

- La **vibración** es una técnica que consiste en pequeñas sacudidas o temblores generados por los dedos o la palma de la mano, aplicados sobre áreas concretas. Tiene un efecto calmante, descongestivo y estimulante del sistema nervioso.

Ejemplo

En un tratamiento facial para piel sensible, se prioriza el uso de effleurage y vibración, evitando maniobras como la fricción intensa o la percusión, que podrían provocar enrojecimiento o reacciones no deseadas.

En la práctica profesional, estas maniobras deben aplicarse con un ritmo constante, una presión adecuada y una secuencia lógica, teniendo siempre en cuenta el área del cuerpo tratada y las características del cliente. No se trata solo de conocer los movimientos, sino de integrarlos con fluidez y eficacia dentro del protocolo general.

Anotación

Aunque el uso de aparatología o cosmética puede modificar la duración y combinación de las maniobras, las técnicas manuales siguen siendo imprescindibles en la mayoría de los tratamientos por sus efectos directos sobre la piel y por la percepción positiva del cliente hacia el contacto humano profesional.

No todas las técnicas manuales son adecuadas para cualquier cliente ni en cualquier momento del tratamiento. La selección de maniobras debe responder a una evaluación previa del tipo de piel y a la fase concreta en la que se aplica dentro del protocolo estético. Esta adecuación garantiza tanto la efectividad del procedimiento como la seguridad y comodidad del cliente.

Durante la fase inicial del tratamiento, normalmente limpieza superficial y desmaquillado, se recomienda el uso de técnicas suaves como el *effleurage*, ya que permiten extender el producto sin alterar la barrera cutánea ni provocar fricción excesiva. A medida que se avanza hacia fases más activas (como la limpieza profunda o la hidratación intensiva) se pueden introducir maniobras más profundas y dinámicas, como el *petrissage* o la fricción, siempre que no existan contraindicaciones.

En función del tipo de piel, conviene tener en cuenta consideraciones específicas:

- En el caso de la **piel normal**, se pueden aplicar todas las maniobras básicas sin restricciones, ajustando la intensidad según el objetivo del tratamiento.
- En la **piel alípica o seca**, se evita la fricción intensa y se prioriza el *effleurage* y la vibración suave, que activan la circulación sin agredir.
- En la **piel deshidratada**, las maniobras deben ser suaves pero persistentes, con movimientos lentos y envolventes que acompañen la aplicación de productos específicos.
- En la **piel grasa o acnéica**, se deben evitar presiones excesivas o maniobras que estimulen la glándula sebácea.

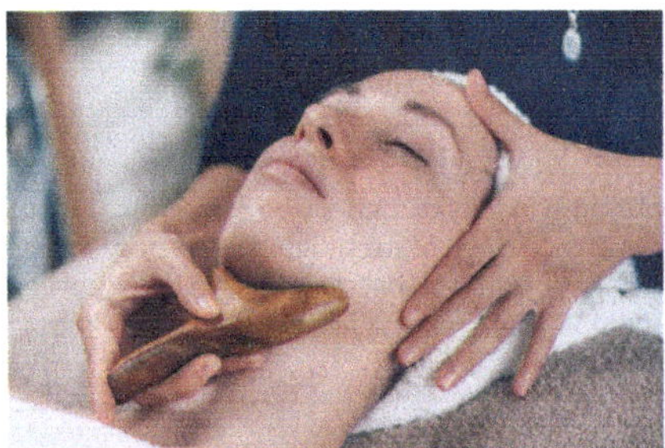

Fig. 6. Se pueden utilizar técnicas drenantes y ligeras como el Gua Sha, manteniendo una estricta higiene en la ejecución

 **Saber más**

El Gua Sha es una técnica tradicional de origen asiático (especialmente china), que se ha adaptado al ámbito estético para favorecer el drenaje linfático, la circulación sanguínea y la oxigenación de los tejidos, así como para reducir tensiones musculares, redefinir el óvalo facial y mejorar la luminosidad de la piel.

Este tratamiento es muy versátil y puede aplicarse en diversos tipos de piel, con algunas consideraciones:

- **Pieles apagadas o con signos de fatiga:** mejora la circulación y aporta luminosidad.
- **Pieles maduras o con flacidez:** ayuda a tonificar y a estimular la producción de colágeno.
- **Pieles con retención de líquidos:** ideal para realizar drenaje linfático y desinflamar el rostro.
- **Pieles estresadas o con tensión muscular (bruxismo, ceño fruncido, etc.):** alivia y relaja.
- **Pieles con acné inflamatorio activo o lesiones abiertas:** debe evitarse o hacerse con mucha precaución, ya que podría irritar más.
- **Pieles muy sensibles o con rosácea severa:** solo bajo supervisión profesional y con herramientas y presiones adecuadas.

- En la **piel sensible**, es esencial eliminar cualquier técnica que implique presión o fricción. Solo se aplica effleurage leve y vibración muy controlada.

- En la **piel envejecida**, se combinan maniobras activadoras (para estimular la microcirculación) con técnicas calmantes, adaptadas a la elasticidad reducida de los tejidos.

 **Anotación**

En todas las situaciones es fundamental observar la respuesta de la piel durante la aplicación. Enrojecimientos intensos, sensación de ardor o malestar deben ser señales de advertencia para modificar o detener la técnica utilizada.

La tabla siguiente resume la adecuación de maniobras en función del tipo de piel:

Tipo de piel	Maniobras recomendadas	Maniobras a evitar
Normal	Todas (ajustadas al objetivo)	Ninguna específica
Alípica / Seca	Effleurage, vibración suave	Fricción intensa
Deshidratada	Effleurage, presión envolvente	Percusión
Grasa / Acnéica	Drenaje suave, effleurage	Petrissage, fricción profunda
Sensible	Effleurage leve, vibración	Cualquier presión o fricción
Envejecida	Fricción suave, effleurage	Maniobras bruscas o rápidas

Ejemplo

En una sesión de hidratación para piel envejecida, se puede realizar un effleurage lento para distribuir el sérum, seguido de fricción suave en zonas estratégicas (como pómulos o mentón) para activar la absorción, evitando en todo momento maniobras de percusión o presión sostenida.

Además, el ritmo, la dirección y la presión de cada maniobra deben adaptarse también al estado anímico del cliente.

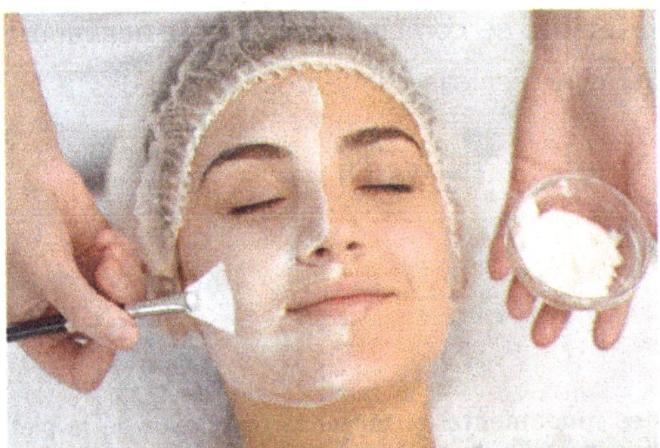

Fig. 7. Un tratamiento estético es, además de técnico, una experiencia de bienestar, por lo que el tacto profesional debe ser ajustado con sensibilidad, respeto y capacidad de observación

Las técnicas manuales no actúan de forma aislada, sino que deben integrarse de manera coherente y funcional en las distintas fases del tratamiento estético. Esto significa que su aplicación debe responder a un orden lógico, adaptarse a la finalidad de cada fase (higiene, preparación, activación o hidratación) y coordinarse con el uso de productos cosméticos y/o aparatología sin generar solapamientos ni incompatibilidades.

Un tratamiento completo de higiene e hidratación, tanto facial como corporal, incluye momentos concretos en los que las maniobras manuales son esenciales:

- Al inicio del tratamiento, se emplea *effleurage* para distribuir el producto limpiador o desmaquillante, facilitar su acción y relajar al cliente. Esta maniobra también favorece la evaluación del estado de la piel mediante el tacto.
- Durante la fase de limpieza profunda, se combinan maniobras como fricción y presión puntual en zonas específicas para movilizar impurezas, activar la circulación y preparar la piel para la extracción o aplicación de activos purificantes.
- En el momento de aplicación de principios activos, se puede emplear *effleurage* profundo o presiones envolventes que mejoran la penetración del producto.

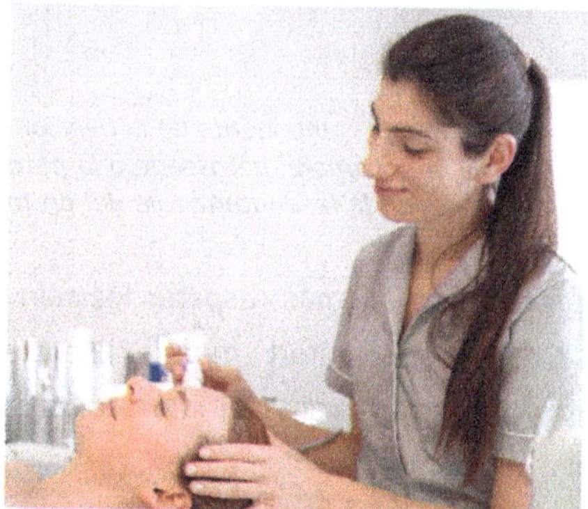

Fig. 8. La sinergia con la aparatología (como la iontoforesis o el ultrasonido) debe ser planificada para evitar redundancias

- En la fase final del tratamiento, las maniobras de masaje como vibración y percusión ligera se aplican con fines relajantes, tonificantes o reafirmantes, según el objetivo establecido en la ficha técnica.

Anotación

Las técnicas manuales nunca deben reemplazar el uso de cosmética o aparatología, pero sí potencian sus efectos cuando se aplican de manera sincronizada y profesional.

En tratamientos faciales, es común que las técnicas manuales también sirvan como herramienta de evaluación continua, ya que permiten identificar cambios en la textura, la elasticidad o la sensibilidad de la piel a lo largo del proceso.

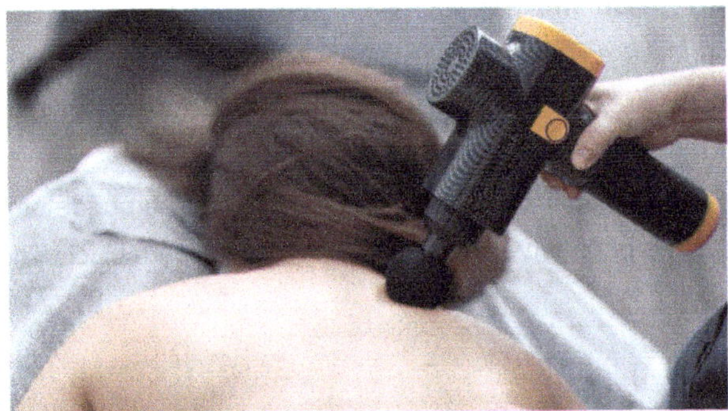

Fig. 9. En tratamientos corporales, el componente de activación circulatoria adquiere mayor protagonismo, por lo que maniobras como el petrissage o la percusión pueden adquirir mayor presencia en la fase intermedia del protocolo

La correcta integración requiere además respetar los tiempos de cada maniobra, así como las condiciones de higiene y confort: manos calientes, uñas cortas, ausencia de joyas, ritmo constante y atención plena. El cliente debe sentir seguridad y fluidez durante todo el proceso.

Ejemplo

En un tratamiento completo para piel grasa, tras la limpieza superficial con *effleurage*, se introduce una breve fricción en la zona T para activar la circulación, seguida de extracción mecánica si procede. Posteriormente, se aplica un sérum seborregulador con presiones suaves, y se finaliza con un masaje drenante y calmante.

En definitiva, las técnicas manuales no se improvisan, sino que se planifican e integran dentro del tratamiento como herramientas fundamentales que aportan eficacia, confort y calidad estética.

Resumen

Las técnicas manuales desempeñan un papel esencial en los tratamientos de higiene e hidratación de la piel, ya que no solo mejoran el estado cutáneo, sino que también generan beneficios fisiológicos, estéticos y emocionales. Su correcta aplicación permite activar la circulación sanguínea, estimular el sistema linfático, relajar la musculatura, favorecer la regeneración celular y optimizar la absorción de productos cosméticos. Además, el contacto físico profesional influye positivamente en el bienestar del cliente, ayudando a reducir el estrés y mejorando la experiencia global del tratamiento.

Estas técnicas se estructuran en una serie de maniobras básicas como el *effleurage*, el *petrissage*, la fricción, la percusión y la vibración, cada una con una acción específica sobre la piel. Su elección debe tener en cuenta factores como la profundidad del movimiento, la dirección, el ritmo y la presión aplicada, además de las características anatómicas de la zona a tratar. La combinación y secuencia de estas maniobras permiten diseñar tratamientos personalizados y eficaces.

No obstante, la eficacia de estas técnicas manuales depende en gran medida de su adaptación al tipo de piel y a la fase del tratamiento. En pieles sensibles o deshidratadas, por ejemplo, deben evitarse maniobras agresivas, priorizando movimientos suaves y superficiales. Por el contrario, en pieles normales o envejecidas, se puede aumentar progresivamente la intensidad y profundidad de la manipulación, siempre observando la respuesta del tejido.

La integración de las técnicas manuales dentro de un protocolo completo de tratamiento requiere planificación, secuenciación lógica y coordinación con otros recursos como los cosméticos o la aparatología. Estas maniobras acompañan todas las fases del tratamiento —desde la preparación inicial hasta la fase final de relajación o tonificación— aportando valor añadido tanto en términos técnicos como en percepción sensorial del cliente. El dominio de estas técnicas, unido a una ejecución cuidadosa, eleva la calidad del servicio estético y contribuye a alcanzar resultados visibles y satisfactorios.

Glosario

Effleurage

Maniobra de deslizamiento superficial realizada con las palmas de las manos, que sirve para iniciar o finalizar un tratamiento, aplicar productos y relajar los tejidos.

Petrissage

Técnica de amasamiento que implica compresión y estiramiento de los músculos y tejidos blandos, favoreciendo la circulación sanguínea y el tono muscular.

Fricción

Movimiento circular o lineal ejercido con presión sobre la piel para activar la circulación, calentar zonas específicas o preparar el tejido para otras fases del tratamiento.

Percusión

Conjunto de golpeteos rítmicos y suaves aplicados con los dedos o el canto de las manos para estimular los músculos y el sistema nervioso.

Vibración

Técnica que genera pequeñas sacudidas controladas con efecto calmante, descongestionante y estimulante sobre la piel y los tejidos subyacentes.

Sistema linfático

Red de vasos y ganglios que transporta la linfa y ayuda a eliminar toxinas del organismo; puede ser estimulado con maniobras manuales suaves.

Maniobra

Movimiento técnico y controlado que forma parte de un masaje o tratamiento manual, realizado con una intención estética, fisiológica o emocional.

Presión

Fuerza ejercida sobre la piel durante una técnica manual, que debe adaptarse a la zona corporal, el tipo de piel y el objetivo del tratamiento.

Ritmo

Velocidad y cadencia con que se aplican las maniobras manuales; puede ser lento y relajante o rápido y estimulante según el efecto deseado.

Integración técnica

Coordinación de las técnicas manuales con el uso de cosméticos y aparatología, dentro de un protocolo de tratamiento estético completo.

Ejercicios de autoevaluación

1. ¿Cuál de las siguientes maniobras se utiliza habitualmente al inicio de un tratamiento estético por su efecto relajante y de adaptación?

   a. Petrissage.

   b. Effleurage.

   c. Percusión.

   d. Fricción.

2. ¿Qué efecto principal produce la maniobra de fricción sobre la piel?

   a. Sedación del sistema nervioso.

   b. Activación de la circulación local.

   c. Eliminación de células muertas.

   d. Aumento de la hidratación.

3. ¿Qué técnica consiste en realizar pequeñas sacudidas rápidas y localizadas sobre la piel?

   a. Percusión.

   b. Vibración.

   c. Petrissage.

   d. Presión.

4. En una piel sensible, ¿qué maniobra debe evitarse por riesgo de irritación?

   a. Effleurage suave.

   b. Vibración ligera.

   c. Presión envolvente.

   d. Fricción intensa.

5. ¿Qué técnica manual es más indicada para activar la circulación y movilizar tejidos profundos en tratamientos corporales?

a. Petrissage.
b. Effleurage.
c. Vibración.
d. Percusión.

6. ¿Cuál de las siguientes opciones describe correctamente la percusión?

a. Movimiento circular superficial.
b. Compresión profunda del tejido.
c. Golpeteo rítmico con dedos o palmas.
d. Estiramiento sostenido.

7. ¿Qué beneficio se obtiene de integrar las técnicas manuales con los cosméticos adecuados?

a. Se reduce el tiempo del tratamiento.
b. Se optimiza la absorción de principios activos.
c. Se evita el uso de aparatología.
d. Se sustituyen las fases de higiene.

8. En una fase final del tratamiento, ¿cuál es la finalidad principal del uso de técnicas manuales?

a. Extraer comedones.
b. Distribuir limpiadores.
c. Relajar y tonificar la piel.
d. Evaluar el tipo de piel.

9. **¿Qué maniobra es recomendable evitar en pieles con acné inflamado?**

    a. Drenaje linfático suave.

    b. Effleurage sin presión.

    c. Aplicación de mascarilla.

    d. Petrissage profundo.

10.¿Cuál de los siguientes elementos influye en la eficacia de una técnica manual?

    a. La cantidad de producto utilizado.

    b. La edad del cliente.

    c. El ritmo, la dirección y la presión aplicada.

    d. El uso exclusivo de aparatología.

U. A. 8. Técnicas manuales empleadas

U. A. 9. Técnicas específicas de realización de la limpieza profunda según el tipo de piel

Introducción

La piel del rostro y del cuerpo no solo varía de una persona a otra, sino que puede presentar distintas condiciones según factores como la edad, el clima, los hábitos de cuidado personal y la alimentación. Por ello, una limpieza profunda debe estar siempre adaptada al tipo de piel, empleando técnicas específicas que respeten sus características fisiológicas y sus necesidades concretas.

En esta unidad se abordan los protocolos y procedimientos personalizados para llevar a cabo una higiene profunda adecuada en pieles normales, alípicas, deshidratadas, grasas, acnéicas, sensibles y envejecidas. Cada una de estas tipologías requiere una valoración previa, una selección minuciosa de cosméticos, productos técnicos y, en ocasiones, aparatología, así como la aplicación de técnicas manuales adaptadas.

Aplicar correctamente estas técnicas no solo mejora la salud cutánea, sino que también potencia la eficacia de tratamientos posteriores, previene alteraciones dermatológicas y contribuye al bienestar general del cliente.

Objetivos

- Reconocer las características y necesidades específicas de los distintos tipos de piel (normal, alípica, deshidratada, grasa, acnéica, sensible y envejecida).
- Aplicar las técnicas específicas de limpieza profunda adaptadas a cada tipología cutánea, empleando los útiles, cosméticos y procedimientos adecuados.
- Seleccionar los cosméticos y medios técnicos más adecuados para realizar la higiene profunda según el tipo de piel.
- Adaptar la manipulación y el ritmo de trabajo en función de la sensibilidad y condiciones particulares de la piel a tratar.

Para empezar...

La limpieza profunda es una de las fases esenciales dentro de los tratamientos estéticos faciales, ya que permite eliminar impurezas retenidas en capas más profundas de la epidermis, preparar la piel para la penetración de principios activos y mejorar su oxigenación y aspecto general.

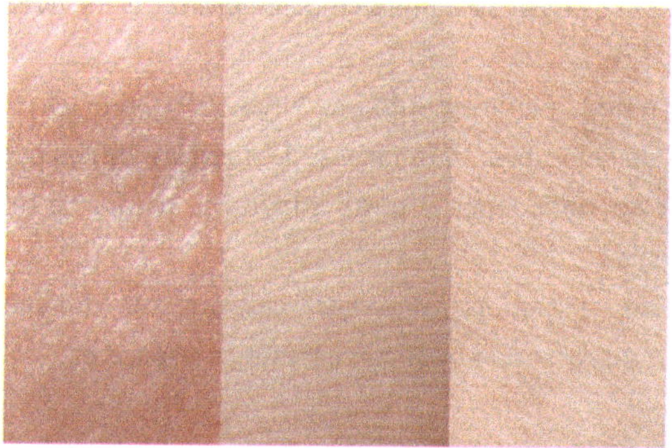

Fig. 1. No todas las pieles pueden tratarse de la misma forma, ya que cada tipo cutáneo responde de manera distinta a los productos, técnicas y maniobras aplicadas

El éxito de la higiene profunda depende, en gran parte, de una adecuada valoración del estado cutáneo y de la elección de técnicas y productos adaptados a las características específicas de la piel. Una misma maniobra puede resultar beneficiosa en una piel grasa, pero resultar irritante en una piel sensible o con cuperosis. Por ello, el profesional debe dominar una serie de variantes técnicas y criterios de adaptación que aseguren una actuación eficaz, segura y personalizada.

Entre las diferencias más relevantes que afectan al procedimiento se encuentran la actividad sebácea, la presencia de deshidratación, el nivel de sensibilidad, la edad de la piel o la existencia de lesiones activas como el acné inflamatorio. Estos elementos condicionan tanto la intensidad de las maniobras manuales, como el tipo de productos empleados y el uso de aparatología auxiliar.

Anotación

En ningún caso debe iniciarse una limpieza profunda sin haber realizado previamente una ficha técnica actualizada del cliente, en la que se valoren tanto las características visibles como aquellas que pueden observarse mediante instrumental (lámpara de Wood, lupa, etc.).

A modo general, los pasos básicos de una limpieza profunda incluyen:

- La preparación de la piel mediante una limpieza superficial y tonificación.
- La aplicación de calor local para facilitar la apertura de los poros.
- La extracción de comedones y otras impurezas mediante técnicas manuales o con aparatología.
- La aplicación de mascarillas y productos calmantes o equilibrantes.
- La hidratación y protección final con cosmética específica.

No obstante, la forma concreta de ejecutar cada una de estas fases varía significativamente en función del tipo de piel tratado.

En las siguientes secciones se abordan las particularidades técnicas que deben tenerse en cuenta en:

- Piel normal.
- Piel alípica (seca).
- Piel deshidratada.
- Piel grasa.
- Piel acnéica.
- Piel sensible.
- Piel envejecida.

Mientras que en una piel grasa puede emplearse una extracción prolongada y el uso de aparatología con vapor ozonizado, en una piel sensible debe evitarse cualquier maniobra agresiva, sustituyendo el vapor por compresas templadas y limitando las extracciones al mínimo imprescindible.

1. Piel normal

La piel normal se caracteriza por presentar un equilibrio adecuado entre agua y lípidos, con una textura uniforme, poros apenas visibles y sin presencia de brillos ni descamación. Su aspecto es suave, luminoso y sin alteraciones evidentes. Aunque no requiere correcciones específicas, sí necesita mantenimiento preventivo para preservar su equilibrio natural.

Fig. 1. La apariencia de la piel normal se caracteriza por ser equilibrada en cuanto a hidratación y secreción sebácea, sin tendencia a la sequedad ni al exceso de grasa

En la limpieza profunda de este tipo de piel, pueden aplicarse las técnicas convencionales, siempre con un enfoque suave y equilibrado, evitando excesos que alteren su estado óptimo.

Las fases del tratamiento incluyen:

1. Una limpieza inicial con emulsiones suaves o leches limpiadoras.
2. Tonificación con lociones sin alcohol, que mantengan el pH cutáneo.
3. Aplicación de vapor de ozono durante unos minutos, sin prolongarlo en exceso.
4. Extracción manual delicada, solo si se detectan impurezas visibles.
5. Aplicación de mascarilla hidratante o equilibrante.
6. Finalización con emulsiones ligeras y protector solar.

Ejemplo

En un cliente con piel normal y tendencia al estrés ambiental, se recomienda alternar mascarillas calmantes con mascarillas de vitaminas para potenciar la luminosidad sin alterar la estructura cutánea.

2. Piel alípica

La piel alípica, comúnmente llamada piel seca, se distingue por una producción escasa de sebo, lo que conlleva una pérdida de la función barrera y, a menudo, descamación, tirantez o sensación de picor.

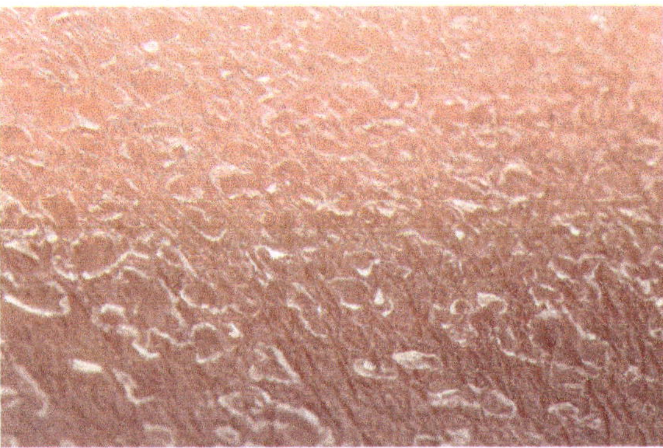

Fig. 2. La piel seca puede mostrarse opaca, áspera al tacto y con tendencia al enrojecimiento

En este caso, la limpieza profunda debe priorizar la protección de la película hidrolipídica y evitar cualquier producto o técnica que aumente la sequedad. Es crucial seleccionar cosméticos nutritivos y emolientes, así como realizar maniobras muy suaves durante el tratamiento.

Entre los elementos a tener en cuenta se encuentran:

1. Limpieza con aceites limpiadores o emulsiones nutritivas.
2. Tonificación con hidrolatos o lociones suavizantes.
3. Calor aplicado mediante compresas templadas en lugar de vapor, para no resecar más la piel.
4. Evitar la extracción o reducirla al mínimo imprescindible.
5. Mascarilla nutritiva con aceites vegetales (aguacate, jojoba, almendra).
6. Hidratación final con cremas ricas en lípidos y activos reparadores (como ceramidas).

 **Anotación**

Las pieles alípicas pueden confundirse con pieles deshidratadas, pero mientras que la piel alípica carece de grasa, la deshidratada carece de agua. Es fundamental distinguirlas para aplicar el tratamiento adecuado.

3. Piel deshidratada

La piel deshidratada presenta una falta de agua en las capas superficiales de la epidermis. Puede afectar tanto a pieles secas como a pieles grasas, y suele manifestarse con tirantez, pérdida de luminosidad, sensibilidad, y, en ocasiones, descamación fina. Es una condición temporal o reversible si se trata adecuadamente.

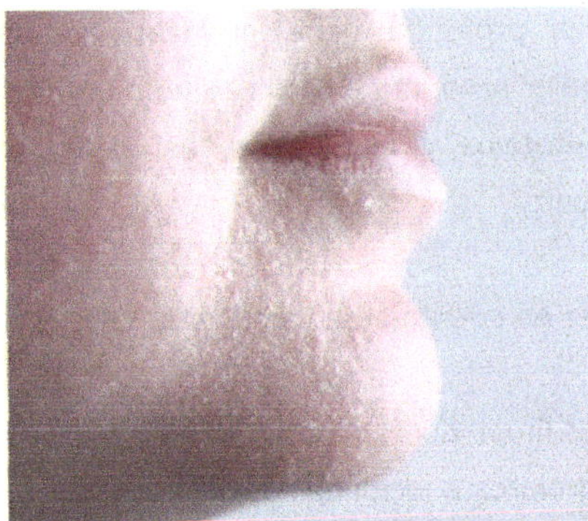

Fig. 3. La diferencia principal entre la piel seca y la deshidratada es que la segunda carece de agua, no necesariamente de lípidos

El objetivo en este caso es restituir el contenido hídrico de la piel y evitar técnicas agresivas que puedan provocar mayor pérdida de agua transepidérmica. A diferencia de la piel seca, la deshidratada puede beneficiarse de una limpieza profunda siempre que esté correctamente adaptada.

Se recomienda proceder de la siguiente forma:

1. Uso de limpiadores sin jabón, tipo geles suaves o leches limpiadoras.
2. Tonificación con lociones hidratantes con ácido hialurónico o agua de rosas.
3. Aplicación breve de vapor suave, seguido de una hidratación intermedia antes de la extracción.
4. Extracción puntual y delicada.
5. Aplicación de mascarillas hidro-restitutivas o con activos humectantes como urea o pantenol.
6. Finalización con serums o cremas hidratantes de rápida absorción y bajo peso molecular.

Ejemplo

En una piel grasa pero deshidratada, se combinará una limpieza con gel sin alcohol y una mascarilla hidratante oil-free para restituir el agua sin añadir lípidos.

4. Piel grasa

La piel grasa se caracteriza por una producción excesiva de sebo, lo que da lugar a un aspecto brillante, poros dilatados y tendencia a la obstrucción de folículos (comedones abiertos o cerrados).

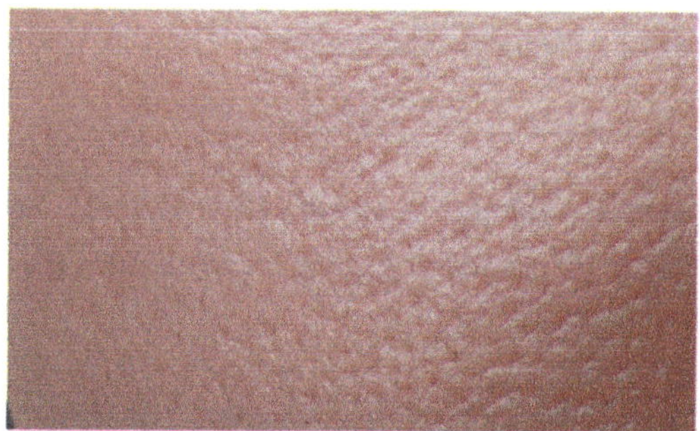

Fig. 4. La piel grasa es común en personas jóvenes y puede mantenerse en la edad adulta, especialmente en zonas como la frente, nariz y mentón

En este tipo de piel, la limpieza profunda debe tener como objetivo regular la secreción sebácea, desobstruir los poros y normalizar el pH cutáneo, todo ello sin provocar un efecto rebote.

Las fases del tratamiento incluyen:

1. Limpieza con geles purificantes o espumas seborreguladoras, con pH ligeramente ácido.
2. Tonificación con lociones astringentes sin alcohol o con ingredientes como hamamelis o ácido salicílico.
3. Aplicación de vapor ozonizado durante varios minutos para ablandar el sebo y facilitar la extracción.
4. Extracción manual sistemática, con apoyo de utensilios si es necesario (bajo condiciones higiénicas rigurosas).
5. Mascarilla arcillosa o absorbente, como caolín o bentonita.
6. Hidratación final con emulsiones oil-free que incluyan activos matificantes.

Si se detecta exceso de brillo en todo el rostro, pero sin inflamaciones activas, se recomienda aplicar una mascarilla de arcilla verde tras la extracción para reducir el sebo y cerrar el poro.

5. Piel acnéica

La piel acnéica presenta lesiones inflamatorias (pápulas, pústulas, nódulos) y comedones, asociadas a un exceso de producción sebácea y a la presencia de bacterias como *Cutibacterium acnes*.

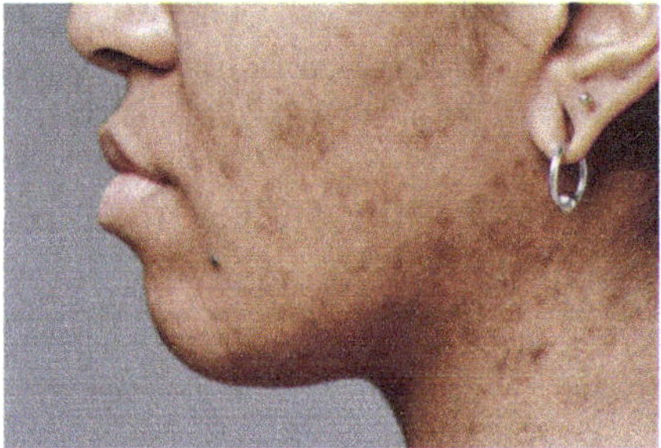

Fig. 5. La piel con acné requiere un tratamiento extremadamente cuidadoso para no agravar el estado inflamatorio ni provocar infecciones cruzadas

En este caso, la limpieza profunda se realiza de forma selectiva y controlada, priorizando la higiene y la desinfección frente a la extracción sistemática.

La secuencia debe contemplar:

1. Limpieza con gel purificante no comedogénico, con ácido salicílico o peróxido de benzoilo.
2. Tonificación con lociones antibacterianas, con ingredientes como el zinc, el árbol del té o el hamamelis.
3. Evitar el vapor caliente en casos de inflamación activa, utilizando en su lugar compresas templadas con antiséptico.

4. Extracción limitada a comedones no inflamados, utilizando guantes y protección de la zona.
5. Aplicación de mascarilla calmante y purificante, con ingredientes como el aloe vera o el azufre.
6. Finalización con gel sebocorrector o sérum antiacné, no graso.

Anotación

Si el acné es severo o presenta nódulos y quistes dolorosos, debe evitarse cualquier tipo de extracción y derivarse a dermatología para tratamiento médico complementario.

6. Piel sensible

La piel sensible es altamente reactiva a estímulos físicos, químicos o emocionales, y puede presentar enrojecimiento, picor, escozor o descamación ante productos o técnicas habituales.

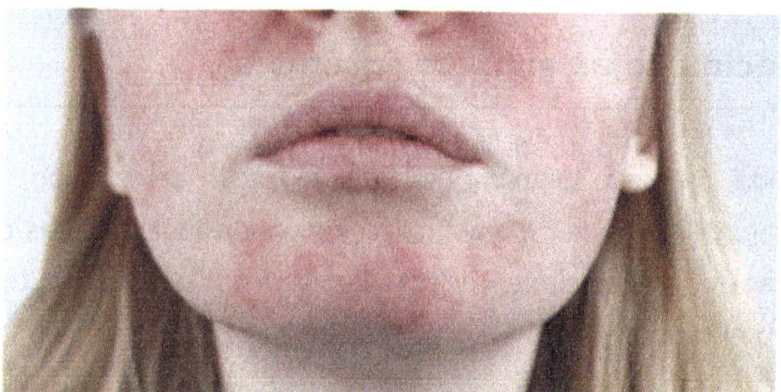

Fig. 6. La piel sensible se encuentra con frecuencia en personas con cuperosis, rosácea o antecedentes alérgicos

El objetivo principal de la limpieza profunda en este caso es minimizar cualquier tipo de agresión, favoreciendo el confort y la tolerancia cutánea. Se priorizan productos hipoalergénicos, sin perfume ni alcohol, y se evitan las temperaturas extremas.

El tratamiento debe estructurarse del siguiente modo:

1. Limpieza con leches dermocalmantes o aguas micelares específicas para pieles sensibles.
2. Tonificación con hidrolatos suaves como el de manzanilla o lavanda.
3. No se aplica vapor: se utiliza calor suave con compresas templadas.
4. En general, se evita la extracción, salvo si hay algún comedón visible y no inflamado.
5. Mascarilla calmante y descongestiva, con ingredientes como calamina, azuleno o bisabolol.
6. Hidratación final con cremas protectoras y calmantes, que refuercen la función barrera (como las que contienen alantoína o niacinamida).

En una piel con cuperosis localizada, debe evitarse toda fricción, utilizar agua termal pulverizada durante el tratamiento y elegir emulsiones específicas para piel reactiva.

7. Piel envejecida cajas simples (grandes)

La piel envejecida presenta signos visibles del paso del tiempo, como arrugas, flacidez, tono apagado, pérdida de elasticidad y deshidratación. Estos cambios pueden ser consecuencia del envejecimiento cronológico, de factores externos (como la exposición solar o el tabaco), o de ambos.

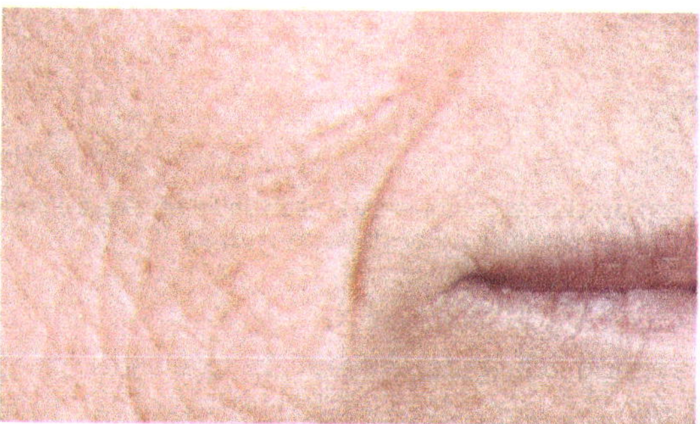

Fig. 7. En general, la piel envejecida, se trata de una piel más fina, con menor actividad celular y vascular, lo que requiere un enfoque delicado, nutritivo y estimulante

La limpieza profunda en este tipo de piel debe orientarse a activar la microcirculación, eliminar células muertas sin agredir, e inducir la regeneración cutánea. La técnica se ajustará al grado de envejecimiento, prestando atención a la sensibilidad y al estado de hidratación de los tejidos.

Se recomienda seguir las siguientes directrices:

1. Limpieza con emulsiones ricas en activos antioxidantes (vitamina E, aceite de pepita de uva, etc.).
2. Tonificación con lociones estimulantes o con ingredientes tonificantes como el *ginseng* o el colágeno marino.
3. Aplicación breve de vapor o sustitución por calor húmedo con aceites esenciales revitalizantes.
4. Extracción manual suave, evitando la presión en zonas con flacidez o adelgazamiento dérmico.
5. Aplicación de peelings suaves, como los enzimáticos, que no agreden la piel.
6. Mascarilla nutritiva y reafirmante, con activos como ácido hialurónico, coenzima Q10 o péptidos.
7. Finalización con cremas ricas y nutritivas, que contengan filtros solares, vitaminas y agentes reafirmantes.

Anotación

En pieles envejecidas con presencia de cuperosis o sensibilidad, debe eliminarse el uso de vapor y peelings ácidos, priorizando técnicas regeneradoras suaves.

Para asegurar un servicio adaptado, diseña los siguientes protocolos de limpieza profunda:

Cliente	Tipo de piel	Ajustes técnicos y cosméticos clave
A	Normal	Limpieza suave, vapor moderado, mascarilla hidratante, hidratación ligera
B	Alípica	Emulsiones nutritivas, evitar vapor, mascarilla con aceites vegetales, crema rica
C	Deshidratada	Gel sin jabón, vapor breve, mascarilla con ácido hialurónico, serum hidratante
D	Grasa	Gel seborregulador, vapor ozonizado, extracción intensa, mascarilla de arcilla
E	Acnéica	Gel antibacteriano, sin vapor si hay inflamación, extracción limitada, mascarilla calmante
F	Sensible	Agua micelar, sin vapor, evitar fricción, mascarilla con azuleno, crema dermocalmante
G	Envejecida	Emulsión antioxidante, calor suave, peeling enzimático, mascarilla reafirmante

Este tipo de planificación permite mejorar la experiencia del cliente y optimizar los recursos y tiempos en cabina. Cada protocolo se adapta al estado fisiológico de la piel, con especial atención a la tolerancia individual.

Resumen

La limpieza profunda debe ajustarse cuidadosamente a las características y necesidades del tipo de piel que se va a tratar. No todas las pieles reaccionan del mismo modo ante los procedimientos estéticos: mientras algunas toleran técnicas más activas, otras requieren una manipulación mínima y cosméticos altamente específicos. Una valoración previa rigurosa permite diseñar un protocolo personalizado que favorezca la eficacia del tratamiento y prevenga reacciones adversas.

La piel normal, por su equilibrio natural, permite una limpieza profunda estándar con productos suaves, vapor moderado y mascarillas hidratantes. En cambio, la piel alípica necesita tratamientos que restauren la grasa cutánea, evitando el vapor y aplicando emulsiones y mascarillas nutritivas. Por su parte, la piel deshidratada, independientemente de su condición grasa o seca, requiere fórmulas ricas en agua y activos humectantes, así como una extracción limitada y no agresiva.

En el caso de la piel grasa, se recurre a técnicas más intensas de extracción, cosméticos seborreguladores y mascarillas absorbentes, priorizando la normalización del sebo sin agredir. La piel acnéica exige una intervención muy controlada, sin vapor si existe inflamación, y con productos antibacterianos que reduzcan el riesgo de diseminación. La piel sensible, en cambio, solo admite maniobras suaves, con cosmética hipoalergénica y evitando tanto el calor como la fricción excesiva.

Finalmente, la piel envejecida demanda una estrategia orientada a la revitalización y regeneración celular, con productos antioxidantes, técnicas de estimulación suave y mascarillas reafirmantes. En todos los casos, la individualización del protocolo es fundamental para garantizar resultados seguros y duraderos.

U. A. 9. Técnicas específicas de realización de la limpieza profunda según el tipo de piel

Glosario

Activos humectantes

Ingredientes que tienen la capacidad de atraer y retener agua en la piel, como el ácido hialurónico, la urea o el pantenol.

Comedón

Lesión cutánea originada por la obstrucción de un folículo pilosebáceo. Puede ser abierto (punto negro) o cerrado (punto blanco).

Cosmético oil-free

Producto formulado sin aceites que no obstruye los poros, especialmente indicado para pieles grasas o con tendencia acneica.

Cuperosis

Alteración vascular caracterizada por la dilatación permanente de pequeños capilares visibles en zonas como las mejillas o la nariz.

Extractores de comedones

Utensilios metálicos diseñados para eliminar impurezas cutáneas (como comedones) de forma higiénica y controlada.

Mascarilla arcillosa

Producto cosmético formulado con arcillas naturales como el caolín o la bentonita, utilizado para absorber el exceso de sebo y purificar la piel.

Peeling enzimático

Exfoliante suave que utiliza enzimas naturales (como las de la papaya o la piña) para eliminar células muertas sin fricción mecánica.

Piel acnéica

Piel con presencia de lesiones inflamatorias como pápulas, pústulas y comedones, asociadas a hiperproducción sebácea e infección bacteriana.

Piel alípico

Tipo de piel caracterizado por una baja producción de sebo, lo que provoca sequedad, descamación y sensación de tirantez.

Piel deshidratada

Estado temporal de la piel que presenta falta de agua en la epidermis, sin implicar necesariamente una carencia de grasa.

Piel envejecida

Piel con signos visibles de envejecimiento como arrugas, flacidez y pérdida de elasticidad, debido a factores cronológicos y ambientales.

Piel sensible

Tipo de piel que reacciona con facilidad ante estímulos físicos, químicos o emocionales, provocando enrojecimiento, picor o escozor.

Vapor ozonizado

Técnica que aplica vapor caliente enriquecido con ozono sobre la piel para abrir poros, ablandar impurezas y ejercer acción antiséptica.

Ejercicios de autoevaluación

1. ¿Cuál de las siguientes características es propia de una piel alípica?

    a. Brillos en la zona T.

    b. Sequedad y descamación.

    c. Poros dilatados.

    d. Tendencia a comedones inflamados.

2. En una piel normal, ¿qué tipo de mascarilla se recomienda tras la extracción?

    a. Mascarilla arcillosa.

    b. Mascarilla hidratante o equilibrante.

    c. Mascarilla purificante con azufre.

    d. Mascarilla exfoliante enzimática.

3. ¿Qué tipo de piel requiere precaución con el uso de vapor ozonizado y maniobras agresivas?

    a. Piel sensible.

    b. Piel grasa.

    c. Piel normal.

    d. Piel envejecida.

4. ¿Cuál es el objetivo principal del tratamiento en una piel deshidratada?

    a. Reponer lípidos y aceites.

    b. Aumentar la microcirculación.

    c. Restaurar el contenido hídrico epidérmico.

    d. Reducir el tamaño del poro.

5. ¿Qué tipo de mascarilla es más adecuada en una piel grasa con comedones?

    a. Mascarilla de arcilla verde.

    b. Mascarilla hidratante con aloe vera.

    c. Mascarilla reafirmante con colágeno.

    d. Mascarilla con aceites vegetales.

6. En una piel acnéica, ¿cuándo debe evitarse la aplicación de vapor?

    a. Cuando la piel está seca.

    b. Cuando hay inflamación activa.

    c. Cuando hay puntos negros.

    d. Siempre, en todos los casos.

7. ¿Cuál de los siguientes productos se recomienda en piel envejecida para estimular la regeneración?

    a. Lociones astringentes.

    b. Peelings mecánicos.

    c. Cosméticos antioxidantes y reafirmantes.

    d. Geles purificantes.

8. ¿Qué se debe evitar al tratar una piel sensible?

    a. El uso de cremas nutritivas.

    b. El calor intenso y la fricción.

    c. Las lociones calmantes.

    d. Las mascarillas hipoalergénicas.

9. ¿Qué tipo de piel puede ser grasa y estar deshidratada a la vez?

    a. Piel alípica.

    b. Piel envejecida.

    c. Piel deshidratada.

    d. Piel sensible.

10.¿Cuál es el propósito de una ficha técnica previa al tratamiento?

    a. Aplicar siempre el mismo protocolo.

    b. Elegir el precio del tratamiento.

    c. Valorar las características y necesidades de la piel.

    d. Identificar el tipo de maquillaje usado.

U. A. 10. La hidratación de la piel

Introducción

La hidratación cutánea es una de las funciones básicas para mantener la piel en condiciones óptimas, tanto estéticas como funcionales. Una piel correctamente hidratada conserva su elasticidad, tersura y luminosidad, y actúa como barrera eficaz frente a agresiones externas, retrasando los signos visibles del envejecimiento y favoreciendo la regeneración celular.

En los tratamientos profesionales de estética, la hidratación va más allá de la aplicación superficial de cremas. Se combinan técnicas manuales específicas, productos cosméticos adaptados al tipo de piel, medios técnicos adecuados y, en muchos casos, aparatología estética que optimiza la penetración de principios activos. Por ello, es fundamental conocer en profundidad los criterios de selección y aplicación de cada uno de estos recursos, así como su integración en una propuesta estética personalizada.

A lo largo de esta unidad, se abordará la hidratación de la piel desde una perspectiva integral, considerando las diferentes herramientas y metodologías que permiten mantener el equilibrio hídrico cutáneo en distintos tipos de piel y contextos profesionales.

Objetivos

- Describir las técnicas manuales utilizadas en los tratamientos de hidratación cutánea, aplicándolas según el tipo de piel y los objetivos del tratamiento.
- Identificar y seleccionar los materiales y medios técnicos más adecuados para favorecer la penetración de productos hidratantes en función de la zona y las características de la piel.
- Seleccionar, manipular y aplicar cosméticos hidratantes específicos, atendiendo a sus principios activos y su compatibilidad con el tipo de piel.
- Aplicar criterios de selección, programación y uso de aparatología estética en tratamientos de hidratación, asegurando su eficacia y seguridad.

Para empezar...

La piel cumple funciones esenciales como órgano de protección, regulación térmica, percepción sensorial y barrera frente a microorganismos. Para desempeñar estas funciones de forma eficaz, necesita mantener un nivel adecuado de hidratación, es decir, conservar su contenido hídrico dentro de unos límites que garanticen su elasticidad, permeabilidad y capacidad de regeneración.

La hidratación cutánea depende de múltiples factores: desde la producción natural de lípidos hasta las condiciones ambientales o los hábitos cosméticos, por lo que su cuidado debe abordarse con un enfoque técnico y personalizado.

En el ámbito estético, los tratamientos de hidratación buscan restablecer el equilibrio hídrico de la epidermis y potenciar su función barrera, evitando la pérdida de agua transepidérmica.

Fig. 1. Los tratamientos de hidratación se realizan con la aplicación de productos cosméticos con ingredientes humectantes, emolientes u oclusivos, que se combinan con técnicas manuales, medios técnicos y aparatología que favorecen su absorción

Las causas más frecuentes de deshidratación cutánea pueden clasificarse según su origen. Cuando están relacionadas con el entorno, se habla de deshidratación exógena, como ocurre en climas secos o con la exposición prolongada al sol o a calefacción. Por el contrario, la deshidratación endógena se vincula a factores internos como desequilibrios hormonales, envejecimiento cutáneo o uso inadecuado de cosméticos.

Anotación

Una piel deshidratada no es necesariamente una piel seca: cualquier tipo de piel (incluida la grasa) puede presentar falta de agua, lo que exige un diagnóstico preciso antes de iniciar el tratamiento.

La hidratación profesional debe contemplar el tipo de piel, su estado, la edad de la persona, el entorno y los objetivos del tratamiento.

Para ello, se combinan diferentes herramientas y recursos:

- Las técnicas manuales, como los pases relajantes o el drenaje, favorecen la absorción de productos y la estimulación del tejido.
- Los medios técnicos incluyen toallas calientes, vaporizadores, pinceles y otros útiles que facilitan la aplicación y penetración de productos hidratantes.
- La cosmetología específica aporta fórmulas adaptadas, con principios activos como el ácido hialurónico, las ceramidas, la urea o el aloe vera.
- La aparatología profesional permite aumentar la eficacia de los tratamientos, gracias a dispositivos como el ultrasonido, la radiofrecuencia o la iontoforesis.

Ejemplo

En una piel envejecida con signos de deshidratación, puede realizarse una sesión combinada que incluya una fase de limpieza profunda, aplicación de sérum con ácido hialurónico mediante iontoforesis y masaje drenante final con crema hidratante rica en ceramidas. La combinación de técnicas potencia la retención hídrica y mejora el aspecto general de la piel.

1. Técnicas manuales

Las técnicas manuales aplicadas en los tratamientos de hidratación cutánea cumplen una doble función: por un lado, favorecen la absorción de los principios activos contenidos en los productos cosméticos, y por otro, estimulan la circulación, relajan la musculatura facial o corporal y mejoran el bienestar general del cliente. Estas técnicas deben ser seleccionadas y aplicadas con conocimiento del tipo de piel, sus necesidades y la fase del tratamiento en la que se integran.

Entre las más utilizadas se encuentran los pases suaves o *efleurage*, que consisten en movimientos continuos y ligeros realizados con las palmas de las manos o los dedos, y que se emplean para extender el producto hidratante de forma uniforme. También se emplean amasamientos ligeros, especialmente en zonas corporales, para movilizar el tejido subcutáneo y aumentar el riego sanguíneo, así como presiones digitales y digitopresiones, útiles en zonas delicadas como el contorno ocular.

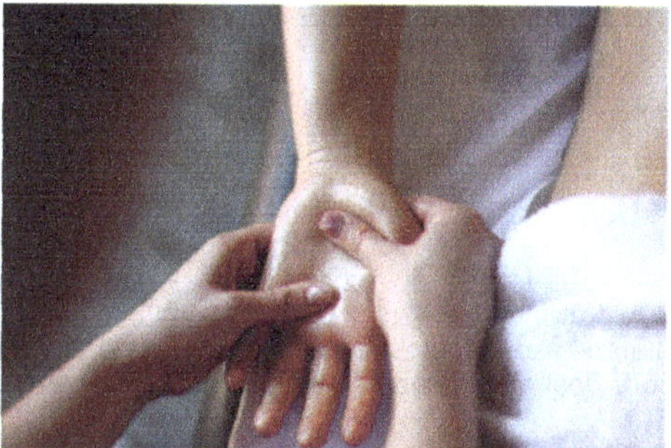

Fig. 2. La técnica de digitopresiones consiste en ejercer presión con los dedos sobre puntos específicos del cuerpo, con el objetivo de estimular zonas reflejas, desbloquear tensiones energéticas y promover la relajación muscular y emocional

Cuando el objetivo del tratamiento es mejorar el drenaje de líquidos o la oxigenación tisular, se integran maniobras derivadas del **drenaje linfático manual**, que requieren una formación específica por parte del profesional.

Anotación

Las maniobras de masaje deben respetar siempre la dirección de los músculos faciales y del flujo linfático, evitando fricciones excesivas que puedan alterar la barrera cutánea, especialmente en pieles sensibles o reactivas.

Una posible clasificación de las técnicas manuales según su finalidad puede incluir:

- **Técnicas de aplicación**, destinadas a distribuir productos sobre la superficie cutánea (pases suaves, deslizamientos, extensiones).
- **Técnicas de estimulación**, como los toques, percusiones o amasamientos, que activan la circulación superficial.
- **Técnicas de relajación**, que se centran en inducir una sensación de bienestar (presiones, roces envolventes, movimientos rítmicos).
- **Técnicas específicas**, como el drenaje linfático o el masaje mioactivo, integradas en protocolos más complejos.

Ejemplo

En un tratamiento facial hidratante para piel deshidratada, el profesional puede aplicar un sérum mediante deslizamientos ascendentes suaves, seguidos de presiones digitales localizadas para facilitar la penetración, finalizando con un masaje relajante con crema emoliente durante 10 minutos.

Además de la correcta ejecución técnica, el entorno (temperatura, música, postura del cliente) y la higiene del profesional son aspectos determinantes para que las técnicas manuales sean eficaces y percibidas como placenteras.

2. Materiales y medios técnicos

En los tratamientos de hidratación cutánea se emplean diversos materiales auxiliares y medios técnicos que permiten preparar la piel, aplicar los productos con mayor precisión o potenciar sus efectos. Aunque su uso es complementario a las técnicas manuales, en muchos casos marcan la diferencia entre un tratamiento básico y uno profesional.

Los materiales desechables, como gorros, bandas, guantes, esponjas, discos de algodón o toallas de papel, garantizan la higiene y la protección del cliente y del profesional.

Fig. 3. Los discos de algodón son herramientas habituales en la rutina de hidratación y cuidado facial, y suelen usarse para aplicar tónicos, esencias, aguas micelares o lociones hidratantes

Por su parte, los **utensilios reutilizables**, como cuencos, pinceles, espátulas o paletas, facilitan la manipulación y aplicación de productos cosméticos con textura fluida, cremosa o gelatinosa.

Entre los medios técnicos más habituales se encuentran los siguientes:

- El **vaporizador o vapozono**, que se emplea antes de la fase hidratante para abrir los poros y facilitar la absorción de activos. En pieles deshidratadas, su uso debe ser breve y controlado para no agravar la pérdida de agua transepidérmica.

- Las **toallas calientes**, que se aplican sobre el rostro o el cuerpo tras la limpieza profunda y antes de la aplicación del cosmético hidratante, permitiendo una apertura suave del poro y una mayor receptividad cutánea.
- Los **pinceles planos o abanico**, especialmente útiles para aplicar mascarillas o geles hidratantes sin contaminar el producto.
- Las **espátulas**, que permiten extraer cremas o geles de forma higiénica, evitando el contacto directo con el envase.

Ejemplo

Durante un tratamiento corporal, se puede aplicar una envoltura hidratante con crema de karité utilizando espátula y pincel, y cubrir con *film* osmótico o manta térmica para favorecer la penetración del producto.

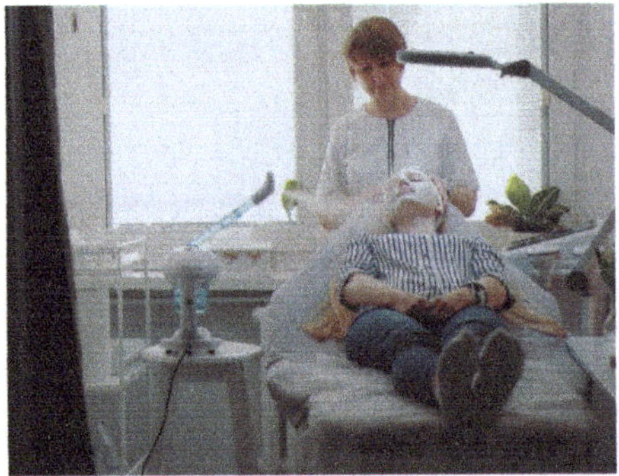

Fig. 4. El vapozono emite vapor de agua caliente, que puede ir acompañado de ozono (O_3) para potenciar su acción desinfectante y oxigenante sobre la piel, y su principal función es abrir los poros, facilitando la eliminación de impurezas, células muertas y exceso de sebo

Algunos de estos medios técnicos también cumplen una función sensorial, ya que su aplicación puede contribuir a crear una experiencia agradable y profesional. La elección de los materiales debe contemplar tanto su funcionalidad y compatibilidad con los productos empleados, como el nivel de confort e higiene ofrecido al cliente.

Anotación

Todo el material no desechable debe ser limpiado, desinfectado o esterilizado tras cada uso, siguiendo los protocolos del centro y la normativa vigente en materia de higiene.

3. Cosméticos específicos: criterios de selección, manipulación y aplicación

Los productos cosméticos utilizados en los tratamientos de hidratación deben seleccionarse atendiendo a la tipología y estado de la piel, los objetivos del tratamiento y la compatibilidad entre los activos formulados. La eficacia de un tratamiento no depende únicamente del producto, sino también de la manera en que se aplica y se integra en el protocolo.

Los productos hidratantes pueden clasificarse según su mecanismo de acción en:

- Humectantes, que captan y retienen agua en la capa córnea. Son los más utilizados en tratamientos de deshidratación epidérmica. Incluyen ingredientes como glicerina, urea, sorbitol o ácido hialurónico de bajo peso molecular.
- Emolientes, que suavizan y lubrican la superficie cutánea, reduciendo la aspereza y mejorando la textura. Algunos emolientes frecuentes son aceites vegetales, mantecas (karité, cacao), lanolina o siliconas cosméticas.
- Oclusivos, que forman una película superficial que impide la pérdida de agua transepidérmica. Se usan especialmente en pieles muy secas o con alteración de la barrera hidrolipídica.

Fig. 5. Ejemplos de oclusivos incluyen la vaselina, parafinas, ceras o ceramidas

Vocabulario

Ácido hialurónico: Polisacárido presente de forma natural en el tejido conectivo. Su capacidad para retener agua lo convierte en uno de los activos hidratantes más eficaces y versátiles.

La selección adecuada de un cosmético hidratante debe tener en cuenta los siguientes aspectos:

- **Composición y activos**: Analizar la función principal del producto, la concentración y tipo de principios activos, la compatibilidad entre ellos y su potencial comedogénico o sensibilizante.
- **Textura y vehículo**: Las emulsiones ligeras son más adecuadas para pieles grasas o con tendencia acneica, mientras que las texturas más densas o untuosas se aplican en pieles secas, envejecidas o alípicas.
- **pH y tolerancia cutánea**: Un producto con pH fisiológico (entre 5 y 5,5) será mejor tolerado y respetará el manto ácido de la piel.
- **Formato y presentación**: Los envases deben facilitar una manipulación higiénica, preferiblemente con dispensador o monodosis.

Para una piel joven, grasa y con signos de deshidratación, se seleccionará un gel hidratante oil-free con ácido hialurónico y niacinamida, evitando cremas oclusivas que puedan obstruir los poros.

La manipulación del cosmético debe respetar las normas básicas de higiene: uso de espátulas, dosificación sin contacto directo con el envase, conservación del producto en condiciones óptimas de temperatura y luz, y revisión de la fecha de caducidad.

La aplicación del producto se realizará mediante las técnicas manuales adecuadas, utilizando preferentemente movimientos ascendentes, rítmicos y suaves que favorezcan la penetración sin agredir la piel.

4. Aparatología: criterios de selección, programación y aplicación

La aparatología estética aplicada a los tratamientos de hidratación cumple una función potenciadora: permite una mejor absorción de los principios activos, estimula las funciones cutáneas y favorece resultados visibles en menos tiempo. No sustituye a las técnicas manuales ni a los cosméticos, sino que actúa como un recurso complementario que debe utilizarse con criterio técnico y respetando las indicaciones específicas.

Entre los equipos más utilizados en hidratación destacan:

- **Vapor de ozono**: Abre los poros, ablanda el estrato córneo y facilita la absorción de productos hidratantes.

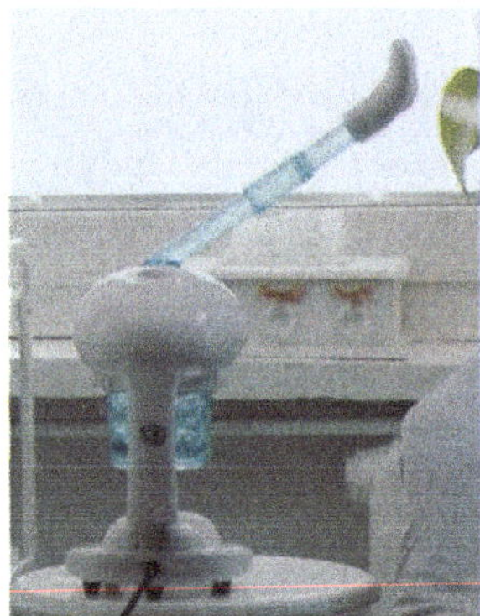

Fig. 6. El vapor de ozono es especialmente útil como fase previa, pero debe usarse con precaución en pieles sensibles o deshidratadas

- **Iontoforesis**: Técnica que utiliza corriente galvánica para introducir principios activos solubles en agua a través de la piel. Es eficaz con activos como el ácido hialurónico, vitaminas o minerales.

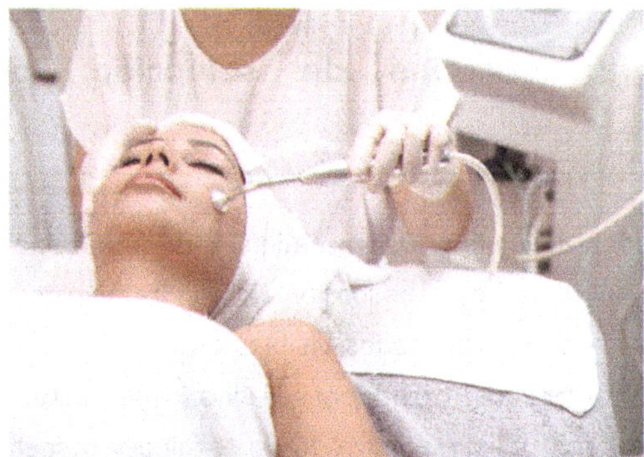

Fig. 7. La iontoforesis es especialmente útil para potenciar tratamientos hidratantes, despigmentantes o reafirmantes, ya que permite una absorción más eficaz de los cosméticos aplicados

- **Ultrasonidos**: Emite ondas sonoras de alta frecuencia que estimulan el tejido y favorecen la penetración de productos, además de activar la microcirculación y la síntesis de colágeno.

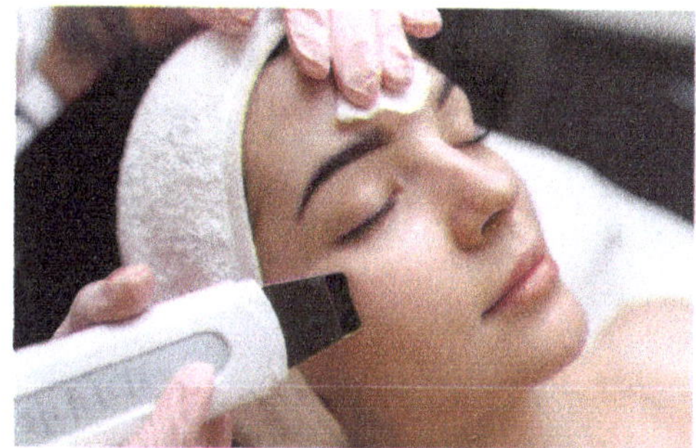

Fig. 8. La espátula ultrasónica es un dispositivo utilizado en estética para realizar limpiezas faciales profundas mediante vibraciones de alta frecuencia

- **Radiofrecuencia estética**: Aunque su objetivo principal es reafirmante, estimula la regeneración celular e incrementa la hidratación natural de la piel a medio plazo.

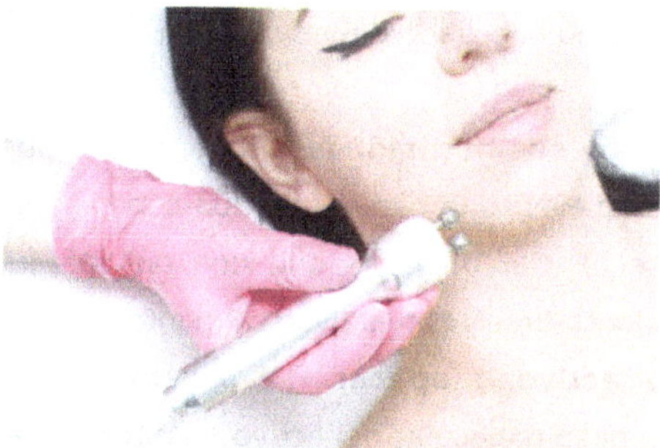

Fig. 9. La radiofrecuencia es muy utilizada para mejorar la firmeza cutánea, reducir líneas de expresión y combatir la flacidez, ya que promueve un efecto tensor progresivo sin necesidad de cirugía

- **Electroporación**: Técnica avanzada que permite introducir activos en las capas más profundas de la piel mediante impulsos eléctricos sin necesidad de agujas.

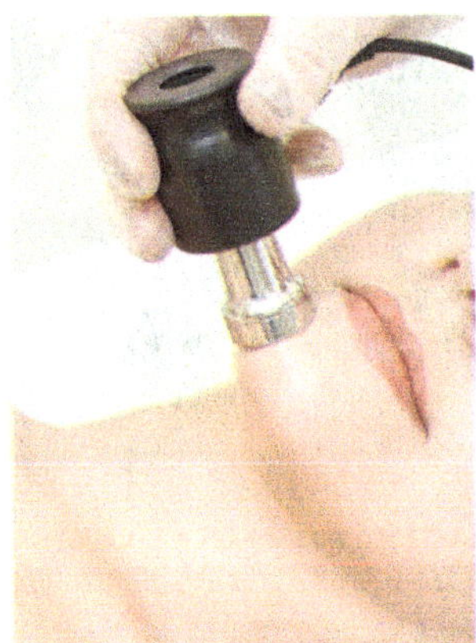

Fig. 10. La electroporación estética utiliza impulsos eléctricos breves y controlados para crear microporos transitorios en la membrana celular, permitiendo que los principios activos cosméticos penetren a capas más profundas de la piel sin necesidad de agujas

Para seleccionar el equipo adecuado deben considerarse:

- **El tipo de piel y sus necesidades**: No todos los aparatos son recomendables para todas las pieles. Una piel envejecida con signos de flacidez se beneficiará de la radiofrecuencia, mientras que una piel deshidratada y sensible puede requerir solo iontoforesis con activos calmantes.

- **El principio activo a aplicar**: La polaridad (en el caso de la corriente galvánica), el peso molecular del activo y su forma de presentación determinan la elección del equipo.

- **La fase del tratamiento en la que se aplica**: Algunos aparatos se emplean como preparación de la piel, otros como fase central de penetración del activo, y algunos incluso como cierre (radiofrecuencia o ultrasonidos calmantes).

- **Las contraindicaciones y precauciones**: Es imprescindible revisar si existen prótesis metálicas, marcapasos, embarazo, tratamientos médicos en curso o hipersensibilidad cutánea.

En un tratamiento facial para piel madura y deshidratada, se puede aplicar una mascarilla con ácido hialurónico y realizar ultrasonidos durante 10 minutos para mejorar la penetración, seguido de un masaje reafirmante manual.

La programación de la aparatología implica ajustar parámetros como el tiempo de exposición, la intensidad, la frecuencia y la duración del tratamiento completo. Estos parámetros varían según el aparato y deben estar recogidos en la ficha técnica del tratamiento.

Todos los aparatos deben ser desinfectados entre sesiones y utilizados según las instrucciones del fabricante. El personal técnico debe estar formado en su manejo y conocer sus efectos fisiológicos para evitar riesgos.

Resumen

La hidratación cutánea es un proceso esencial para preservar la salud y el aspecto de la piel. Una piel bien hidratada mantiene su elasticidad, luminosidad y capacidad de protección frente a agentes externos. La pérdida de agua transepidérmica puede deberse a factores ambientales, hormonales, cosméticos o relacionados con la edad, y puede afectar a todo tipo de pieles, incluso a las grasas. Por ello, los tratamientos de hidratación deben personalizarse según las características de cada caso, combinando técnicas manuales, productos cosméticos específicos y aparatología profesional.

Las técnicas manuales empleadas en hidratación permiten aplicar los productos, y también estimulan la circulación y mejoran la absorción de activos. Movimientos como los pases suaves, las presiones digitales o el drenaje linfático manual contribuyen a relajar la musculatura y a preparar la piel para recibir los ingredientes hidratantes. Su correcta ejecución requiere conocimientos sobre anatomía facial o corporal, direcciones musculares y sensibilidad cutánea.

Los materiales y medios técnicos que se utilizan en estos tratamientos permiten mantener la higiene, mejorar la precisión de la aplicación y potenciar los efectos del protocolo. Entre ellos se encuentran las toallas calientes, los pinceles, las espátulas, el vaporizador y otros utensilios auxiliares que deben seleccionarse en función del producto utilizado y del área a tratar. El correcto uso y mantenimiento de estos recursos es clave para garantizar la eficacia y seguridad del tratamiento.

Los cosméticos hidratantes se clasifican principalmente según su mecanismo de acción: humectantes, emolientes y oclusivos. Cada uno de ellos aporta beneficios específicos en función del tipo de piel y del desequilibrio que presente. El ácido hialurónico, la glicerina, las ceramidas o los aceites vegetales son algunos de los activos más utilizados. La selección adecuada del cosmético implica analizar su composición, textura, pH, forma de presentación y compatibilidad con la piel. Además, deben aplicarse siguiendo estrictas normas de higiene y mediante técnicas que favorezcan su penetración.

La aparatología estética aporta un valor añadido al tratamiento, al facilitar la penetración de activos o estimular procesos internos de regeneración cutánea. Dispositivos como la iontoforesis, los ultrasonidos o la radiofrecuencia deben elegirse atendiendo al tipo de piel, los principios activos utilizados y las características del tratamiento. Es fundamental programar correctamente los parámetros técnicos y seguir los protocolos establecidos para evitar efectos indeseados. El uso de aparatología debe estar reservado a personal formado y conocedor de sus efectos fisiológicos y contraindicaciones.

En conjunto, los tratamientos profesionales de hidratación requieren un enfoque integral que combine conocimientos técnicos, criterios personalizados y herramientas adecuadas. Esta visión global permite mejorar visiblemente el estado de la piel, fortalecer su función barrera y contribuir al bienestar general del cliente.

Glosario

Ácido hialurónico

Sustancia presente de forma natural en la piel que actúa como agente humectante, capaz de retener grandes cantidades de agua, mejorando la hidratación y la elasticidad cutánea.

Emoliente

Sustancia que suaviza y lubrica la piel al rellenar los espacios intercelulares con lípidos, reduciendo la descamación y mejorando la textura cutánea.

Espátula cosmética

Herramienta utilizada para extraer y aplicar productos de forma higiénica, evitando el contacto directo con el envase y la contaminación cruzada.

Humectante

Ingrediente cosmético que capta la humedad del entorno o de las capas más profundas de la piel y la retiene en la capa córnea, contribuyendo a mantener la hidratación superficial.

Iontoforesis

Técnica estética que utiliza corriente galvánica para introducir principios activos en la piel a través de los poros, mejorando su penetración y eficacia.

Oclusivo

Componente que forma una barrera física sobre la piel, impidiendo la evaporación del agua transepidérmica. Suele emplearse en pieles secas o dañadas.

Pases manuales

Movimientos realizados con las manos o los dedos sobre la piel durante un tratamiento estético, que pueden tener funciones de aplicación, estimulación o relajación.

Permeabilidad cutánea

Capacidad de la piel para permitir el paso de sustancias a través de su estructura, clave para la eficacia de los principios activos cosméticos.

Radiofrecuencia estética

Tecnología que genera calor en las capas profundas de la piel mediante ondas electromagnéticas, estimulando la síntesis de colágeno y mejorando la firmeza y la hidratación natural.

Ultrasonidos

Ondas de alta frecuencia utilizadas en tratamientos estéticos para estimular la circulación, favorecer la regeneración tisular y facilitar la penetración de productos cosméticos.

Vaporizador facial

Aparato que emite vapor de agua, con o sin ozono, utilizado para abrir los poros, ablandar la capa córnea y preparar la piel para tratamientos posteriores.

Ejercicios de autoevaluación

1. ¿Cuál de los siguientes activos se considera humectante en cosmética?

a. Vaselina.

b. Cera de abejas

c. Glicerina.

d. Lanolina.

2. ¿Qué tipo de técnica manual se utiliza principalmente para favorecer la relajación durante un tratamiento hidratante?

a. Percusión.

b. Presiones envolventes.

c. Amasamiento profundo.

d. Golpeteo digital.

3. El uso del vaporizador con ozono debe evitarse o limitarse en:

a. Pieles grasas.

b. Pieles jóvenes.

c. Pieles deshidratadas y sensibles.

d. Pieles con puntos negros.

4. ¿Cuál de estos materiales permite aplicar mascarillas sin contaminar el producto?

a. Disco de algodón.

b. Guante de vinilo.

c. Pincel plano.

d. Toalla caliente.

5. ¿Qué función cumplen los ingredientes oclusivos en un cosmético hidratante?

    a. Estimulan la producción de colágeno.

    b. Suavizan la superficie de la piel.

    c. Favorecen la regeneración celular.

    d. Impiden la pérdida de agua transepidérmica.

6. ¿Qué técnica instrumental emplea corriente galvánica para introducir activos?

    a. Radiofrecuencia.

    b. Electroporación.

    c. Iontoforesis.

    d. Crioterapia.

7. ¿Qué tipo de piel puede presentar deshidratación?

    a. Solo las pieles secas.

    b. Solo las pieles maduras.

    c. Solo las pieles sensibles.

    d. Cualquier tipo de piel.

8. ¿Cuál de los siguientes activos es más adecuado para hidratar una piel madura y seca?

    a. Extracto de pepino.

    b. Manteca de karité.

    c. Ácido salicílico.

    d. Carbón activo.

9. **¿Qué función estética tienen los ultrasonidos en un tratamiento hidratante?**

    a. Reducir la flacidez muscular.

    b. Exfoliar mecánicamente la piel.

    c. Estimular la absorción de productos y la circulación.

    d. Desinfectar la superficie cutánea.

10. **¿Qué elemento técnico se utiliza habitualmente para preparar la piel antes de la hidratación?**

    a. Espátula metálica.

    b. Toalla caliente.

    c. Cuchara medidora.

    d. Mascarilla plástica.

Aplicaciones prácticas

Aplicación práctica 1. Identificación de errores en la higiene cutánea profesional

U. A. 1. La higiene de la piel

Laura, profesional de estética, recibe a una nueva clienta, María, para un tratamiento facial completo. La clienta llega con el rostro aparentemente limpio y asegura haberse desmaquillado en casa. Laura decide confiar en la afirmación de María y omite la fase inicial de higiene cutánea, procediendo directamente con la aplicación de un sérum hidratante mediante aparatología especializada. Durante el tratamiento, Laura observa dificultades en la penetración del sérum y además percibe enrojecimiento e irritación en algunas zonas del rostro.

Al terminar, María no siente la piel cómoda ni fresca, y además se perciben zonas ligeramente inflamadas y enrojecidas. Laura, confundida, revisa los pasos que ha realizado y se pregunta dónde ha estado el error.

Analiza la situación planteada anteriormente y responde brevemente identificando:

- El error principal que cometió Laura en su procedimiento de higiene.
- Las consecuencias específicas derivadas de dicho error.
- Las acciones concretas que debería haber llevado a cabo Laura desde un principio, según los principios de higiene profesional.

Aplicación práctica 2. Selección y aplicación correcta de productos y útiles

U. A. 3. La limpieza superficial y el desmaquillado de la piel. técnicas de realización

La esteticista Marta tiene cita con una clienta habitual, Claudia, que viene directamente después de su jornada laboral. Claudia lleva maquillaje resistente al agua en los ojos y labios, y muestra una piel con tendencia grasa en el resto del rostro. Marta debe realizar una limpieza superficial profesional antes de aplicar un tratamiento equilibrante para controlar el exceso de sebo.

Para ello, Marta dispone en cabina de los siguientes productos y útiles:

- Leche limpiadora.
- Desmaquillante bifásico.
- Gel limpiador facial.
- Agua micelar.
- Tónico facial hidratante.
- Discos de algodón.
- Esponjas estéticas.
- Toallitas desechables.
- Espátulas y
- Cuencos con agua tibia.

Marta debe decidir qué productos y útiles utilizar y en qué orden para realizar una limpieza superficial efectiva y adaptada a la situación de Claudia.

Para resolver este caso práctico, deberás elaborar una tabla clara que indique paso a paso:

- Orden en que se realiza la limpieza superficial (especificando zonas: ojos, labios, rostro).
- Producto cosmético seleccionado para cada zona, justificando brevemente la elección según las características de la piel y el maquillaje.
- Útil seleccionado para aplicar o retirar cada producto cosmético.

Aplicación práctica 3. Identificación y resolución de errores en la preparación del cliente

U. A. 5. Preparación del cliente y realización de la ficha técnica

La esteticista Ana recibe a una nueva clienta, Marta, para realizarle un tratamiento facial hidratante y calmante. Al iniciar la sesión, Ana coloca rápidamente a Marta en la camilla, sin ajustar correctamente la altura y sin proporcionarle ropa desechable ni protección para el cabello. Tampoco verifica que Marta se haya retirado pendientes o collares.

Durante la sesión, Ana se percata de que la ficha técnica no ha sido cumplimentada previamente. Decide improvisar algunas preguntas mientras aplica los productos. La clienta, incómoda por la postura y por la sensación de desorden, no proporciona información completa y muestra signos visibles de incomodidad.

Al finalizar, Ana se da cuenta de que tampoco ha registrado correctamente los datos en la ficha técnica, quedando incompleta y con anotaciones apresuradas.

Analiza esta situación identificando claramente:

- Los errores específicos cometidos por Ana en la preparación física del cliente, en la comunicación y en la cumplimentación de la ficha técnica.
- Qué acciones debería haber realizado correctamente desde el principio según los procedimientos profesionales explicados en la unidad.
- Una breve reflexión final acerca de cómo estos errores afectan no solo al confort y seguridad del cliente, sino también a la imagen profesional y a la eficacia del tratamiento posterior.

Aplicación práctica 4. Adaptación exprés de maniobras manuales

U. A. 8. Técnicas manuales empleadas

Julia es una nueva profesional del centro estético. Debe realizar tres tratamientos faciales consecutivos en un tiempo limitado (cada uno dura solo 20 minutos). Tiene tres clientes distintos, cada uno con un tipo de piel específico:

- **Cliente 1:** piel sensible con enrojecimiento.
- **Cliente 2:** piel grasa con acné activo.
- **Cliente 3:** piel envejecida con signos visibles de flacidez.

Julia conoce todas las maniobras manuales básicas (effleurage, petrissage, fricción, vibración y percusión), pero debe decidir rápidamente qué técnica manual priorizar con cada cliente, aplicando solo una técnica principal por cliente durante la aplicación de un cosmético específico (calmante, seborregulador o reafirmante).

Indica brevemente qué maniobra manual principal debería utilizar Julia para cada cliente y explica muy brevemente por qué eliges cada una.

Aplicación práctica 5. Detecta el error

U. A. 9. Técnicas específicas de realización de la limpieza profunda según el tipo de piel

El centro estético de Carolina recibe una reclamación. Una clienta habitual, con piel sensible diagnosticada previamente, acudió a una sesión de limpieza profunda. Carolina no estaba disponible, y el tratamiento fue realizado por Eva, una esteticista nueva, que aplicó el siguiente protocolo estándar:

- Limpieza inicial con gel purificante para piel grasa.
- Tonificación con loción astringente con hamamelis.
- Aplicación de vapor ozonizado durante 10 minutos.
- Extracción profunda de comedones en mejillas y nariz.
- Mascarilla de arcilla verde durante 15 minutos.
- Hidratación final con emulsión oil-free matificante.

La clienta salió del centro con la piel muy irritada, roja, incómoda y posteriormente presentó descamación durante varios días.

Identifica claramente tres errores específicos que cometió Eva en el tratamiento aplicado a esta clienta con piel sensible, y propón un protocolo breve y correcto que debió haberse utilizado.

Aplicación práctica 6. Asesoramiento en cabina

U. A. 10. La hidratación de la piel

Paula es una esteticista profesional especializada en tratamientos hidratantes. Hoy llega al centro una clienta nueva, Carmen, de 55 años, preocupada por la apariencia de su piel. Carmen comenta que nota su piel apagada, tirante y con arrugas marcadas, especialmente alrededor de los ojos y la boca. Además, menciona que siente incomodidad tras limpiarse el rostro y que ningún cosmético de los que usa habitualmente parece mejorar su situación.

Paula realiza una valoración rápida y observa que, además de deshidratación evidente, Carmen presenta signos claros de envejecimiento cutáneo y piel delicada con leve enrojecimiento. Paula decide recomendarle un protocolo sencillo y personalizado con productos y técnicas específicas para mejorar el estado de su piel.

Escribe brevemente, como si fueras Paula, la recomendación que debe dar a Carmen, incluyendo el cosmético hidratante específico más adecuado (indicando claramente su mecanismo de acción y algún principio activo clave), la técnica manual prioritaria que debe usar en cabina con Carmen durante la aplicación del cosmético, y una breve justificación de por qué esta combinación será beneficiosa para ella.

Ejercicio de evaluación final

1. ¿Qué significa "contaminación cruzada" en estética?

    a. Uso de cosméticos ecológicos.

    b. Tratamientos simultáneos en dos zonas.

    c. Transmisión de residuos o microorganismos entre clientes.

    d. Uso de perfumes intensos.

2. ¿Qué tipo de productos se recomienda utilizar en la higiene estética?

    a. Detergentes industriales.

    b. Cosméticos específicos según el tipo de piel.

    c. Soluciones cloradas puras.

    d. Productos genéricos de supermercado.

3. ¿Qué función tiene la observación de la piel durante la higiene?

    a. Comprobar la resistencia al dolor.

    b. Limpiar de forma más superficial.

    c. Acelerar la finalización del procedimiento.

    d. Detectar signos visibles que orienten el tratamiento.

4. En un tratamiento de higiene corporal, ¿qué técnica puede utilizarse para eliminar toxinas y revitalizar tejidos?

    a. Envoltura con barro o algas.

    b. Maquillaje profesional.

    c. Micropigmentación.

    d. Depilación con hilo.

5. ¿Qué modalidad de higiene facial es adecuada para mantener la piel libre de residuos cotidianos?

    a. Higiene con extracción.

    b. Higiene con peeling químico.

    c. Higiene básica.

    d. Higiene médica.

6. ¿Qué indicaría aplicar una higiene facial profunda a una piel sensible sin valoración previa?

    a. Un protocolo excelente.

    b. Una acción preventiva.

    c. Una práctica contraindicada.

    d. Un tratamiento relajante.

7. ¿Qué tipo de toallas o esponjas deben utilizarse en un entorno profesional?

    a. Las mismas en varios clientes para ahorrar.

    b. Solo de papel.

    c. No se requiere ninguna norma higiénica.

    d. Desechables o higienizadas tras cada uso.

8. ¿Qué ventaja aporta la limpieza superficial antes de un tratamiento facial?

    a. Sustituye la hidratación posterior.

    b. Mejora la absorción de productos posteriores.

    c. Reduce la temperatura de la piel.

    d. Estimula la exfoliación inmediata.

9. ¿Qué aspecto NO forma parte del protocolo correcto de desmaquillado?

    a. Realizar la limpieza en orden secuencial.

    b. Frotar enérgicamente los párpados.

    c. Utilizar productos adecuados a cada zona.

    d. Mantener contacto suave y controlado.

10.¿Qué debe hacerse si un comedón no sale tras dos intentos de extracción?

    a. Seguir presionando con fuerza.

    b. Usar alcohol para forzar su salida.

    c. Detenerse, desinfectar y tratar la zona con un producto calmante.

    d. Pincharlo con una aguja esterilizada.

11.¿Cuál de los siguientes factores influye en la eficacia del tratamiento?

    a. El maquillaje previo del cliente.

    b. El tamaño del envase cosmético.

    c. La temperatura y presión de aplicación de los materiales.

    d. La posición del cliente en la camilla.

12.¿Qué función cumple el vapor de ozono además de calentar la piel?

    a. Actuar como germicida.

    b. Hidratar los poros.

    c. Aclarar manchas.

    d. Eliminar arrugas profundas.

13.¿Qué finalidad tiene registrar la evolución del cliente en la ficha técnica?

    a. Cumplir con requisitos comerciales.

    b. Valorar la eficacia y ajustar tratamientos futuros.

    c. Sustituir la comunicación verbal.

    d. Elaborar estudios médicos.

14.¿Qué tipo de luz es más recomendable durante un tratamiento facial?

   a. Luz de ambiente cálida y tenue.

   b. Luz blanca dirigida y regulable.

   c. Luz natural indirecta.

   d. Luz roja con fines relajantes.

15.¿Qué medida favorece la intimidad del cliente en cabinas compartidas?

   a. Ventanas abiertas.

   b. Música ambiental.

   c. Uso de biombos o separaciones visuales.

   d. Permanencia de otros clientes observando.

16.¿Cuál de estos productos se usaría al final de un tratamiento para proteger la piel?

   a. Gel limpiador.
   b. Sérum antioxidante.
   c. Mascarilla purificante.
   d. Protector solar o crema barrera.

17.¿Qué indica una reacción inmediata de rojez y escozor tras aplicar un cosmético?

   a. Correcta absorción del producto.
   b. Signo de eficacia rápida.
   c. Posible intolerancia o incompatibilidad.
   d. Activación normal del riego sanguíneo.

18.¿Qué debe observarse en la ficha técnica del cliente para ajustar futuros tratamientos?

   a. Precio de los productos usados.

   b. Opiniones personales del cliente.

   c. Reacción de la piel y evolución tras el tratamiento.

   d. Duración del masaje estético.

19.La elección del aparato debe realizarse:

   a. Según la edad del cliente.

   b. Según el cosmético que se vaya a utilizar.

   c. Según la fase del tratamiento y las necesidades de la piel.

   d. Según la marca del fabricante.

20.¿Qué debe anotarse siempre en la ficha técnica del cliente?

   a. Parámetros utilizados y observaciones de la sesión.

   b. Nombre del aparato empleado.

   c. Opinión del cliente sobre la estética.

   d. Preferencias personales del profesional.

21.El modo "pulsado" en un aparato se elige principalmente para:

   a. Conseguir un efecto más profundo.

   b. Disminuir la intensidad en pieles sensibles.

   c. Aumentar la temperatura en la epidermis.

   d. Eliminar células muertas con más rapidez.

22.¿Qué maniobra puede tener efecto sedante sobre el sistema nervioso si se realiza correctamente?

   a. Percusión rápida.
   b. Vibración suave.
   c. Fricción profunda.
   d. Petrissage intenso.

23.¿Qué característica define al effleurage dentro de las técnicas manuales?

   a. Movimiento de deslizamiento suave y superficial.
   b. Compresión circular profunda.
   c. Golpeteo intermitente.
   d. Sacudida localizada.

24.¿Cuál es una buena práctica profesional durante la aplicación de maniobras manuales?

   a. Aplicarlas todas con la misma intensidad.
   b. Adaptar la técnica a la respuesta de la piel.
   c. Evitar el contacto directo con el cliente.
   d. Aplicar presión fuerte en todas las zonas.

25.¿Qué maniobra debe limitarse o evitarse en una piel con cuperosis?

   a. Aplicación de sérums.
   b. Extracción manual y uso de vapor.
   c. Uso de compresas frías.
   d. Aplicación de tónico sin alcohol.

26.¿Cuál es el mejor tipo de peeling para una piel envejecida con sensibilidad?

a. Ácido glicólico al 20%.

b. Scrub con partículas abrasivas.

c. Peeling enzimático.

d. Exfoliante de carbón activo.

27.En el tratamiento de una piel acnéica, ¿qué tipo de cosmético debe utilizarse al final?

a. Emulsión rica en aceites.

b. Gel no comedogénico y seborregulador.

c. Mascarilla nutritiva.

d. Aceite esencial puro.

28.¿Cuál de estos factores debe tenerse en cuenta al seleccionar un cosmético hidratante?

a. Color del envase.

b. Precio del producto.

c. Textura y tipo de piel.

d. Frecuencia de uso por otros clientes.

29.¿Qué precaución básica debe observarse al manipular productos cosméticos profesionales?

a. Agitarlos antes de cada uso.

b. Usar espátulas o sistemas de dosificación higiénicos.

c. Mezclarlos con agua para suavizar su efecto.

d. Guardarlos en nevera obligatoriamente.

30.¿Qué característica define a una piel correctamente hidratada?

    a. Ausencia total de brillo.

    b. Ligera sensación de tirantez.

    c. Color pálido y textura mate.

    d. Elasticidad y aspecto uniforme.

Solucionario

U. A. 1. La higiene de la piel

1. d	**6.** b
2. b	**7.** a
3. b	**8.** c
4. a	**9.** b
5. b	**10.** d

U. A. 2. Tipos de tratamiento de higiene facial y corporal

1. b	**6.** c
2. c	**7.** a
3. c	**8.** b
4. b	**9.** d
5. b	**10.** c

U. A. 3. La limpieza superficial y el desmaquillado de la piel. Técnicas de realización

1. a	**6.** a
2. b	**7.** c
3. c	**8.** b
4. d	**9.** d
5. c	**10.** c

U. A. 4. La limpieza profunda de la piel. fase de tratamiento. Útiles y materiales empleados

1. a	**6.** c
2. b	**7.** b
3. c	**8.** c
4. a	**9.** d
5. b	**10.** c

U. A. 5. Preparación del cliente y realización de la ficha técnica

1. d	**6.** c
2. a	**7.** b
3. c	**8.** b
4. a	**9.** a
5. b	**10.** d

U. A. 6. Criterios de selección y aplicación de la cosmetología específica

1. d	**6.** b
2. c	**7.** a
3. d	**8.** c
4. c	**9.** b
5. c	**10.** a

U. A. 7. Criterios de selección, programación y aplicación de los aparatos empleados en cada fase de los tratamientos

1. b	**6.** c
2. c	**7.** c
3. a	**8.** b
4. b	**9.** b
5. a	**10.** d

U. A. 8. Técnicas manuales empleadas

1. b	**6.** c
2. b	**7.** b
3. b	**8.** c
4. c	**9.** d
5. a	**10.** c

U. A. 9. Técnicas específicas de realización de la limpieza profunda según el tipo de piel

1. b	**6.** b
2. b	**7.** c
3. a	**8.** b
4. c	**9.** c
5. a	**10.** c

U. A. 10. La hidratación de la piel

1. c	**6.** c
2. b	**7.** d
3. c	**8.** b
4. c	**9.** c
5. d	**10.** d

Bibliografía

Monografías

HERRERÍAS ESTEBAN, GEMA (2025). *La guía definitiva para el cuidado de la piel: Piel, cosméticos y Dermofarmacia*. Sulime Diseño de Soluciones, SL.

> Este libro es un manual completo y actualizado que combina teoría científica y aplicación práctica para profesionales y entusiastas de la dermocosmética. Se divide en cuatro bloques: primero, explica la estructura y función barrera de la piel, incluyendo factores como el "inflammaging"; segundo, analiza los principales ingredientes cosméticos, desde antioxidantes o retinoides hasta exosomas, su normativa, cómo combinarlos y su eficacia; tercero, aborda afecciones frecuentes como acné, rosácea o dermatitis, así como cuidados en embarazo, oncología y el papel de la dermobiota y los complementos alimenticios; y, por último, ofrece un práctico índice alfabético de ingredientes.

Webgrafía

Aparatología estética facial y corporal: tipos de tratamientos
https://www.telebelleza.es/content/21-aparatologia-estetica-facial-y-corporal-tipos-de-tratamientos?srsltid=AfmBOorh2jVQJjmjPTyp8Wo9L2-KMezxILN_I6H7KTBdzqq0FUXDfNb9

Cómo elegir cosméticos profesionales adecuados para cada tipo de piel
https://cftherapy.com/como-elegir-cosmeticos/

Comprendiendo la piel – Tipos de pieles y problemas dérmicos
https://www.eucerin.es/acerca-de-la-piel/conocimientos-basicos-sobre-la-piel/tipos-de-piel

¿Cuál es mi tipo de piel? 5 tipos de piel
https://www.nivea.es/consejos/piel-bonita/que-tipo-de-piel-tengo

Bibliografía

Cuidado de la piel: 5 sugerencias para una piel sana
https://www.mayoclinic.org/es/healthy-lifestyle/adult-health/in-depth/skin-care/art-20048237

¿Cuándo necesitas una limpieza facial profunda?
https://clinicaityos.com/cuando-necesitas-una-limpieza-facial-profunda/

Humectante, emoliente y oclusivo. ¿Cuál es cuál?
https://miin-cosmetics.com/blog/humectante-emoliente-y-oclusivo-cual-es-cual/

¿Qué es la piel deshidratada y cómo elegir los mejores productos de cuidado de la piel?
https://www.paulaschoice.es/es/piel-deshidratada

¿Qué es una limpieza facial profunda y cuáles son sus beneficios?
https://www.doctorbarret.com/que-es-una-limpieza-facial-profunda-y-cuales-son-sus-beneficios/

¿Qué llevan mis cosméticos? Humectante, Emoliente y Oclusivo
https://ajedrea.com/blog/356-que-llevan-mis-cosmeticos-humectante-emoliente-y-oclusivo/

Piel seca
https://www.mayoclinic.org/es/diseases-conditions/dry-skin/symptoms-causes/syc-20353885

¿Sabes cuál es el orden de aplicación de los cosméticos?
https://www.dermaforyou.com/sabes-cual-es-el-orden-de-aplicacion-de-los-cosmeticos/

Todo sobre el acné y la piel grasa
https://www.laroche-posay.es/article/todo-sobre-el-acne-y-la-piel-grasa